THE ONE PAGE PROPOSAL

| 패트릭 G. 라일리 지음 | 안진환 옮김 |

THE ONE PAGE PROPOSAL

강력하고 간결한 한 장의 기획서

을유문화사

지은이 패트릭 G. 라일리(Patrick G. Riley)

세계 최고의 부호, 애드넌 카쇼기와의 운명 같은 만남을 통해 '한 장의 기획서' 비법을
전수받아 퍼시픽 아메리칸(Pacific American Corporation)社를 설립한 저자는
전 세계 고객들을 상대로 폭넓은 지지와 눈부신 성공을 거두었다.
저자가 이 책을 집필하게 된 계기는 One Page Proposal을 활용한 자신의 성공뿐만 아니라,
「미국독립선언서」, 「마그나 카르타」, 「권리장전」 등 역사적으로 위대한
One Page Proposal에 대한 체계적 연구에서 기인한다.

옮긴이 안진환

연세대학교를 졸업하고, 현재 경제, 경영서 분야에서 활발한 활동을 펼치고 있는
전문 번역가로서 성균관대학교와 명지대학교에 출강하고 있으며, 인트랜스 번역원
(www.intrans.co.kr)과 온라인 번역학교 트랜스쿨(www.transchool.com)의
원장이기도 하다.
저서로는 〈영어실무번역(Practical Translation of English)〉이 있으며,
역서로 〈빌게이츠@생각의 속도〉, 〈리눅스 * 그냥 재미로〉, 〈포지셔닝〉,
〈빅브랜드 성공의 조건〉, 〈승리의 열정〉 등 다수가 있다.

THE ONE PAGE PROPOSAL
강력하고 간결한 한 장의 기획서

초판 제 1쇄 발행 · 2002년 11월 11일
초판 제59쇄 발행 · 2025년 8월 30일

지은이 · 패트릭 G. 라일리
옮긴이 · 안진환
펴낸이 · 정무영, 정상준
펴낸곳 · (주)을유문화사

창립 · 1945년 12월 1일
주소 · 서울시 마포구 서교동 469-48
전화 · 02-733-8153
팩스 · 02-732-9154
홈페이지 · www.eulyoo.co.kr
ISBN 89-324-6010-8 03320

기획서는 첫인상이 중요하다!

개인적으로 추진하고 싶은 사업이나 회사 차원에서 추진했으면 하는 사업에 대한 기획서나 기획안을 작성할 때, 가장 먼저 머리에 떠오르는 것은 무엇인가? 아마 알찬 내용을 준비하겠다는 생각 외에도 그것을 멋지게 포장해 설득력을 높이겠다는 생각 또한 떠오를 것이다. 대개는 그런 생각으로 여러 자료에서 뽑은 도표와 그래프를 삽입한다. 게다가 얇으면 어쩐지 믿음이 가지 않을 것 같아서 두툼하게 준비한다. 두툼한 것은 그만큼 공을 들였다는 증거이므로 좋은 점수를 받을 것이라 생각하는 것이다.

그러나 한번 입장을 바꿔 놓고 생각해 보자. 이런저런 일정으로 매우 바쁜 하루를 보내는 결정권자 입장에서 생각해 보자는 얘기다. 두툼한 기획서나 기획안이 올라오면 과연 꼼꼼하게 살펴보겠는가? 기안자를 불러 구두로 듣던지, 나중에 읽어보겠다는 생각으로 밀쳐 놓거나 아랫사람에게 검토해 볼 것을 지시하지 않겠는가? 그런데 만약 그러한 기획서나 기획안이 딱 한 장짜리라면? 게다가 수

십 장 분량을 압축하면서도 말하고자 하는 바가 명확히 나타나 있고 결정권자에게 바라는 바가 확실하게 드러나 있다면?

대학 시절, 혹은 대학원 시절 논문을 써 본 적이 있는가? 원고지 수백 매에 달하는 논문을 쓰지만, 교수들은 언제나 한 장 정도의 요약본을 요구한다. 자신이 쓴 논문의 내용을 충분히 알고 있다면 그 내용을 한 장으로 압축할 수 있다는 것이 그들의 주장이다. 교수들은 이미 그 분야의 전문가이기 때문에 요약본만 읽어도 전체 내용이 어떤 식으로 전개될지 알 수 있다는 논리다. 비즈니스 세계도 마찬가지이다. 결정권자는 자신의 분야를 누구보다도 잘 알기 때문에, 책상 위에 올라오는 기획서나 기획안의 진가를 한눈에 알아볼 수 있는 사람이다. 그런 사람에게 구구절절, 시장 상황이라든가 예상되는 변화 따위를 설명하려고 애쓸 필요가 있겠는가.

이 책의 저자는 바로 그런 얘기를 하고자 한다. 기획서를 쓰기 전, 며칠 혹은 몇 달에 걸쳐 리서치를 할 수는 있다. 그러나 기획서는 딱 한 장이라야 한다는 것이다. 한 장 반도 안 된다. 오직 한 장만으로 완벽한 기획서를 만들어야 하고 또 그럴 수 있다고 주장한다. 그가 만드는 기획서의 형식은 제목, 부제, 목표, 2차 목표, 논리적 근거, 재정, 현재 상태, 실행 등의 8개 부문으로 나뉜다. 이 형식은 논리적 사고 순서에 따른 것이므로 신성불가침이라는 것이 저자의 주장한다. 이러한 저자의 주장은 꽤 설득력 있게 들린다. 아마도 그가 이미 오래 전부터 그 방법으로 많은 성과를 거두어들인 경험자이기 때문일 것이다. 저자는 각 부문의 작성 방법에 대해 매우 상세히 설명하면서, 기획서를 써 본 사람이라면 누구나 고민했을 문제들을 하나하나 짚어 가며 해결해 준다.

이 책을 읽는 사람은 누구든 저자의 생각이 옳다는 것을 알게 될 것이고 저자에게 매우 고마워하게 될 것이다. 일상적이고 사소한 제안에서부터 거대한 프로젝트에 이르기까지 별다른 고민 없이 그가 짜 놓은 일련의 공식에 맞추어 기획서를 쓰면 되고, 또 그런 기획서를 통해 기대하던 성과를 얻게 될 테니 말이다.

끝으로 이 책의 번역 작업에 많은 도움을 준 번역가 고희정 씨와 인트랜스번역원(www.intrans.co.kr) 식구들에게 감사의 말을 전하고 싶다.

2002년 가을

안 진 환

차례

아이디어의 탄생

1980년대 중반, 서른일곱 살의 사업가였던 나는 세계 최고의 갑부 중한 사람인 애드넌 카쇼기 Adnan Khashoggi의 초대로 몬테카를로에서 열린 요트 파티에 참석했다. 몇 달 전, 우리 회사에서 제출한 사업 기획서에 대한논의를 하기 위해서였다. 카쇼기와는 그 전에 케냐 사파리 클럽에서 서로의 친구 소개로 알게 되었다. 그는 매우 품위 있고 친절한 사람이었다. 그와 대화를 나누며 무척 즐거운 시간을 보냈고, 그의 세계적 성공에 경탄해마지 않았었다. 그런데 그로부터 2년 뒤 모나코에서 다시 만나게 된 것이다. 사업적인 일로 다시 만나기까지 시간이 좀 걸린 셈이다.

나는 그의 바쁜 일정에 맞추느라 모나코의 파리 호텔에서 거의 일주일동안 묵어야 했다. 카쇼기를 만나러 온 손님은 여럿 있었는데, 요르단 왕부터 여배우 브룩 쉴즈에 이르기까지 다양했다. 나는 카쇼기의 배려로 앙티브 곶에서 시간을 보내며, 프랑스 리비에라 지중해 연안의 휴양지에서 수영도하고 보트도 탈 수 있었다. 이런 종류의 기다림이라면 얼마든지 기다릴 수 있다는 생각이 들었다.

드디어 카쇼기와 얘기를 할 수 있게 되었다. 새벽 1시였다. 장소는 몬테카를로 항에 있는 그의 요트 안이었다. 몇 달 전 남동생과 함께 「아프리카의 뿔에서의 활동 사항」_{아프리카의 뿔Horn of Africa : 아프리카 내륙 북동부, 소말리아와 그 인근 지역}에 대한 사업 기획서를 공들여 만든 적이 있었다. 그 기획서를 토대로 심도 깊은 토론을 나눌 것으로 예상했다. 나는 설비 판매권을 합작으로 추진하고 싶어서 카쇼기에게 기획서를 냈었기 때문에, 복잡한 우리 제안에 대한 상세한 설명을 준비하고 있었다. 그러나 카쇼기의 생각은 달랐다.

"내가 이 미팅을 청한 이유는 내게 무척 중요한, 따라서 당신에게도 매우 중요할 수 있는 어떤 것을 가르쳐 주기 위해서요. 바로 1 Page Proposal을 쓰는 방법이오."

그의 몇 마디 말에 나는 정신이 번쩍 들었다. 내 기획서에 심각한 실수가 있는 게 틀림없었다. 충격이었다. 다른 사업가들과 마찬가지로 나 역시 늘 세세한 부분까지 철저하고 완벽하게 설명하는 프레젠테이션을 공부해 왔다. 50쪽짜리 기획서가 너무 길다고 생각한 적이 없었는데, 카쇼기는 그렇지가 않은 모양이었다. 그에게 시간을 내주어 고맙다고 인사한 후 떠나야 하는 것인가.

그것은 아닌 것 같았다. 카쇼기는 날 밖으로 나가라고 떼밀지 않았을 뿐 아니라 더없이 다정하게 대해 주었다. 그는 진심으로 자신의 뜻을 나에게 이해시키려는 것 같았다. 카쇼기의 말이 이어지자 나는 주의 깊게 경청했다.

"1 Page Proposal은 나의 성공 비결 중 하나요. 당신에게도 매우 귀중한 성공 비결이 될 수 있소. 거래 여부를 판단하는 결정을 내리는 자리에 있는 사람치고 한 쪽 이상의 분량을 읽을 만큼 시간이 있는 사람은 매우 드문 법이오. 문화와 언어가 달라도 그 사실은 변함이 없소."

그의 메시지는 기분 나쁘지 않으면서도 명확하게 귀에 꽂혔다. 내가 준비했던 기획서는 카쇼기 같은 사람에게 적당하지 않았다. 내용이 완벽하지 않아서가 아니라 간결성이 부족했던 것이다! 우리가 제출한 기획서는 관행에 충실하게 회사 소개, 사업 설명, 위험 요소, 시장 조사, 자본 평가, 재정, 경영, 최근 상황, 법적 사항, 참조 등 여러 부분으로 나뉘어 있었다. 또한 10여 개의 도표, 차트, 지도가 그려져 있었다.

나는 그 순간 깨달았다. 우리는 그것을 준비하면서 한 가지 중요한 요소인 '자료를 읽을 대상'을 고려하지 않은 것이다. 카쇼기는 우리의 세밀한 기획서를 읽고 결정을 내릴 시간적 여유가 없었다. 그의 일과는 시간 단위가 아니라 분 단위로 쪼개져 있었다. 틀에 박힌 사업 기획서에 비하면 너무나 간결한 50쪽짜리 기획서였지만, 아침 식사 전에 사업체를 매매하고 전 세계의 자본을 움직이는 사람에게는 너무 분량이 많았던 것이다.

카쇼기는 여러 이유에서 우리를 도울 것을 결심했다고 말했다. 그 지역에서 이미 여러 사업을 하고 있는데다가 우리를 좋아하고, 우리가 가지고 있는 견해를 좋아하며, 자금도 있기 때문이라고 했다(그의 자서전에 따르면 그 당시 카쇼기는 1,500개의 기업체에 직접 투자를 하고 있었는데, 투자하지 않고 남는 자본의 이자만 하루에 2만 달러였다). 그는 열정적으로 일을 추진할 준비가 되어 있었다. 적어도 우리의 공들인, 과도한 기획서를 보고 마음이 흔들리기 전까지는 말이다. 나와 미팅을 할 즈음 우리의 기획서는 그의 책상을 떠나 아랫사람에게 전달되어 있었다.

카쇼기의 충고에는 미묘한 암시가 들어 있었다. 그것은, 세계 무대에서 결정권을 행사하는 사람들은 미국 사람들과는 다르게 기획서를 평가

할 수 있다는 것이었다. 오히려 완벽한 사업 기획서는 서류를 읽기도 전에 그들을 좌절시키는데, 영어 실력이 뒷받침되지 않아서일 수도 있고 미국 스타일의 차트나 그래프, 기술적 분석이 그들의 사업 문화에 익숙하지 않아서일 수도 있다. 따라서 그들은 카쇼기가 그랬던 것처럼 자기 아랫사람들에게 서류를 맡겨 버리는 식으로 눈앞에서 치우게 되며, 그런 과정을 거쳐 해당 기획서는 영원히 사장될 수도 있다.

좋은 아이디어일 수도 있는 사업을 계속해서 아래로 내려보내는 것에 지친 애드넌 카쇼기는 기회를 잡는 방법을 충고해 주기 위해 시간을 내 나를 만난 것이었다. 그렇게 해서 그날 밤 세계에서 가장 아름다운 요트에서 세계 최고의 갑부 중 한 명이 펼쳐 놓는 사업 기획서 쓰기 요령을 듣게 되었다. 카쇼기 같은 사업가가 읽을 수 있고 소화할 수 있으며 즉시 실행할 수 있는 기획서. 그 요령은 단순 명확한 사업 내용과, 카쇼기처럼 자본을 가진 벤처캐피털리스트에게 청하는 요구 사항을 단 한 쪽에 담아 내는 것이었다. 카쇼기의 충고는 경험에서 나온 것이라 믿을 만했다. 카쇼기 자신도 국왕이나 대통령, 세계 최고의 대기업 총수들에게 비슷한 기획서를 제출해 성공한 적이 있었던 것이다. 두 시간 만에 그는 내게 선생이자 친구가 되었다. 나는 새로 발견한 성공의 열쇠를 꼭 쥔 채 새벽 3시에 그와 헤어져 샌프란시스코의 집으로 돌아왔다.

카쇼기에게 배운 비밀의 열쇠 덕분에 나는 이후 천만 달러가 넘는 소득을 올릴 수 있었다. 또한 그 원칙을 사용해 국내외에서 수익을 올렸고, 미국과 일본에서 벤처 사업을 발전시켰으며, 가계 수익도 증가시켰다.

'1 Page Proposal' 개념을 다른 사람들에게도 전파할 의무를 느꼈지만, 나는 수년 동안 혼자만 간직하며 내 사업 스타일의 주요 열쇠로 계속 사용해 왔다. 심지어는 역사적으로 유명한 1 Page Proposal(「마그나 카

르타」와 「독립선언서」에서 먼 우주 공간에 보내진 「아레시보 성간 메시지」에
이르기까지)을 조심스럽게 연구한 후 내 기획서를 개선하기도 했다.

그런데 최근 있었던 우연한 일을 계기로 내 비밀을 다른 사람들에게 공
개하고 이 책을 쓸 결심까지 하게 되었다. 고객사 중 하나인 도쿄의 '후
지 포토 필름'을 대신해 실리콘밸리의 큰 전자 회사 대표와 미팅을 갖게
되었다. 나는 그의 사무실에 도착해 그의 전화 통화가 끝날 때까지 앉아
있었다. 주위를 둘러보던 나는 그의 책상 위에 40개 이상의 기획서가 쌓
여 있는 것을 보게 되었다. 다른 회사나 기업가들, 혹은 회사 내부에서 올
라온 기획서들이었다. 분명 훌륭한 아이디어를 축으로 온갖 차트와 그래
프로 가득 찬 멋진 기획서일 터였다.

나는 즉시 그 기획서들의 공통점을 찾아냈다. 그것은 바로 '읽혀지지
않는 기획서'라는 사실이었다! 모나코의 그날 밤을 떠올린 나는 1 Page
Proposal이 꼭 갑부들과의 사업에만 필요한 것이 아니라 모든 사업가에
게 필요한, 투자를 촉진시키는 도구라는 사실을 깨달았다. 저렇게 쌓여
있는 기획서의 작성자들은 자기들이 공들여 준비한 사업 설명이 읽히지
도 않은 채 사장되어 버린다는 사실을 알고나 있을까? 그렇다면 그들의
기분은 어떨까? 좋은 아이디어들이 뿌리를 내리지도 못하고 영원히 묻혀
버릴 수도 있었다. 얼마나 많은 시간과 에너지가 낭비되는 셈인가. 벤처
캐피털이 가치 있는 곳에 쓰일 기회가 얼마나 많이 사라져 버리는 것인
가.

나는 친구들을 생각해 보았다. 사업가, 증권 인수업자, 할리우드 제작
자, 작가, 머릿속을 온통 사업 구상으로 가득 채운 젊은이들……. 그들의
두꺼운 기획서가 경영자 사무실 한 구석에서 잠자고 있었다. 그것을 읽어
야 할 사람이 업무에 쫓겨 시간이 없다는 이유만으로 말이다. 나는 그때

카쇼기가 내게 나눠 준 요령을 모든 기업가에게 알려 주어야 한다는 생각을 하게 되었다. 그들의 중요한 제안을 빠르고 강력하고 설득력 있게 전달해, 그 제안을 실현시킬 사람이 바쁜 와중에도 읽을 수 있게 만들어야 했다.

오늘날 세계인들은 정보의 홍수 속에 살고 있다. 그러나 재능 있고 사업 감각을 지닌 인재들의 가치 있는 아이디어들이 전달 기술의 부족으로 거의 빛을 보지 못하고 있다. 마구잡이로 들어오는 이메일과 전화 광고, 정크 메일, 쉴새없는 광고성 메시지들로 인해 커뮤니케이션의 새로운 채널을 이용하기도 불가능한 상태에서, 효과적인 쌍방향 커뮤니케이션을 기대하기는 어렵다. 동시에 프로젝트의 재정 후원자를 확보하려는 경쟁은 거의 모든 분야에서 치열하게 벌어지고 있다. 새로운 전략, 즉 복잡한 데이터를 줄이고 참신한 기획서를 만드는 것만이 곳곳에서 터지는 비즈니스의 범람을 막을 수 있을 것이다.

그래서 이 책을 쓰게 되었다.

1 Page Proposal의 역사는 오래되었다. 과거에 시저, 나폴레옹, 토머

스 제퍼슨, 링컨이 1 Page Proposal을 기본 형식으로 사용하였고, 앞으로는 나사NASA : 미 항공우주국에서 우주 공간의 생명체들과 의사 소통을 할 때 그것을 사용할 것이다. 로이터통신이 전하는 바에 따르면, 내가 이 글을 쓰는 동안 부시 대통령은 미 국방부를 통해 국민들에게 테러 방지를 위한 기획서를 요청했는데, 내가 권하는 그것과 똑같은 양식을 원하고 있었다.

대통령의 요구에는 즉각적인 반응을 원한다는 느낌이 담겨 있었다. 그는 다급한 어조를 사용해 최고의 의견을 수렴하고자 했고, 불필요한 수식어를 붙일 만큼 여유 있는 상황이 아님을 드러내고 있다.

9·11의 비극을 평범한 비즈니스 거래와 비교할 수는 없겠지만, 대통령의 요구처럼 현대 산업 사회에서는 즉각적으로 반응할 것을 요구하는 경우가 흔하다는 결론을 이끌어 낼 수는 있다. 때로는 모든 결정이 시급을 다투는 일인 것처럼 보여야 할 필요가 있다. 결정권을 쥔 자가 자기 책상에 올라온 새로운 아이디어를 고려할 때 평소의 결정 속도를 바꾸리란 생각은 현실적이지 않다.

1 Page Proposal은 시간에 민감한 서류이다. 빨리 읽힐 뿐 아니라 결정을 내리는 데 필요한 결정적인 자료들이 모두 들어 있다. 오늘날의 거물들이 신속하기만 한 것은 아니다. 그들은 영리하기도 하다. 그들은 새로운 정보를 재빨리 흡수해 전장이나 다름없는 세계 시장에 적용한다.

다음 장에는 1 Page Proposal을 쓰는 방법이 나와 있다. 공적으로나 사적으로 제안을 해야 할 경우, 1 Page Proposal은 완벽한 의사 소통 수단이라는 것을 발견하게 될 것이다. 후원자를 구하느냐 마느냐의 결과와는 별도로 그 기획서는 당신에게 놀랍고도 기대하지 않았던 이익을 가져다 줄 것이다. 모든 과정이 그렇듯 이것도 여행이다. 출발하자.

>>>THE ONE PAGE PROPOSAL_2

1 Page Proposal

>>>1 Page Proposal이란 무엇인가?

내가 정의 내린 1 Page Proposal은 다음의 조건을 만족시키는 서류이다.

- 추진하고자 하는 사업 혹은 프로젝트를 둘러싼 모든 객관적 사실, 추론, 상황을 간결하게 표현한다.
- 동의를 얻어내기 위한 것이므로 설득력 있는 언어를 사용한다.
- 구체적인 실행 과정을 설명한다.
- 이 모든 것을 1 Page Proposal 분량으로 프린트한다.

기획서의 목적은 특정한 사람으로 하여금 특정한 종류의 실행 과정을 수행하도록 하는 것이다. 기획서는 시간이 매우 귀한 그 사람reader이 기안자writer의 시각을 통해 프로젝트를 볼 수 있도록 꾸며야 한다. 각 부분은 코드화되어 있어야 하고, 언어는 간결하고 정확해야 하며, 쉽게 이해할 수 있는 문장이어야 한다. 1 Page Proposal의 각 문단은 기안자가 원하는 실행 action 을 유발하고 보조해야 한다.

1 Page Proposal은 하나의 틀이며 당신의 목표를 이루기 위한 단계적 절차이다. 그것은 기발한 아이디어와 계획, 분석, 실행 단계 등 필요한 모든 것을 포함하기 때문에 풀어 쓰면 몇백 쪽 분량으로 늘어날 수도 있다.

또한 1 Page Proposal은 일련의 공정 process 이다. 이 공정은 주제를 폭넓게 파악하는 것뿐만 아니라 효율적인 언어 구사 기술, 직관, 원칙 그리고 문제를 간결화함으로써 얻는 명확성과 그에 따르는 신뢰성까지 포함한다. 성공적인 1 Page Proposal을 쓰려면 복잡한 생각을 몇 마디 단어로 표현하는 연습을 해야 한다.

>>>왜 1 Page인가?

애드넌 카쇼기 역시 여느 성공한 사업가들처럼 직감, 지식, 폭넓은 경험에 의존해 사업을 해 나간다. 카쇼기처럼 재산이 많고 항상 시간에 쫓기는 사람들에게 200쪽짜리 사업 기획서는 욕이나 다름없다. 그것은 그토록 많은 자료를 검토해야만 벤처 사업에 투자하는 위기감에서 벗어날 수 있다는 뜻이 된다.

반면 간단한 기획서는 그 자체만으로도 카쇼기 같은 위치에 있는 사람에게 많은 것을 설명해 준다. 이는 제안자가 그 기획서를 읽을 사람의 시간을 배려했다는 뜻을 담고 있으며, 그의 폭넓은 지식과 경험을 이미 인정하고 있음을 보여준다. 또한 그가 정보를 흡수해 신속한 결정을 내릴 능력이 있다는 믿음을 보여준다.

'가장 쉬운 결정'의 법칙을 보면, 사람들은 여러 가지 결정을 내려야 할 경우 가장 쉬운 결정부터 먼저 내린다고 한다. 조사나 회의를 거쳐야 하거나 자료를 더 보충한 후에 내려야 할 결정은 뒤로 미룬다는 것이다. 이처럼 지나친 정보는 결정을 앞당기는 것이 아니라 지연시킨다.

엔지니어링, 건설, 자선, 예술, 과학, 기술, 의학과 같은 대규모 프로젝트에 필요한 재정 지원을 따내려는 세계적 경쟁은 최근 20년 동안 우후죽순으로 늘어났다. 새로운 아이디어에 대한 지원이 꼭 국내에서 이루어지란 법은 없다.

기업가로서 경력을 쌓았다면, 어느 시점에는 세계 어딘가에서 재정적, 정치적, 외교적 차원에서 지원을 요청해야 할 때가 온다. 따라서 복잡한 사업 기획서가 가져올 언어와 문화적 어려움까지 생각해야 한다. 1 Page Proposal은 이미 이러한 사업적 문제의 훌륭한 해결책으로 증명되었다. 1 Page Proposal처럼 훌륭한 의사 소통 수단을 갖고 있는 사람과 회사는 과거의 틀에서 벗어나 제안하는 사업에 대한 재정 지원을 받을 수 있을 것이다.

1.5 Page는 왜 안 되는가?

우리의 목적은 어떤 사업이 가능한 한 쉬워 보이도록 하는 것이다. 따라서 최종 사업 기획서는 정확히 1 Page여야지 그 이상은 안 된다. "1.5 Page는 왜 안 되지?"라고 묻는 사람도 있을 것이다. 2 Page는? 미안하지만 1 Page Proposal이 아니면 아무것도 아니다. 일단 기획서가 1 Page를 넘기면 전투에서 패한다. 1 Page 이상의 분량이면 첫번째 쪽마저도 읽히지 않을 확률이 높다. 기획서가 1 Page Proposal일 때는 간결함에서 오는 우아함이 두드러지는데, 그 형식이 허물어지면 모두 무너지게 된다. 기회를 갖기도 전에 자신의 질을 떨어뜨릴 필요가 있는가.

자신의 사업 계획을 1 Page Proposal 분량으로 압축하는 일은 프로젝트에 대한 스스로의 이해에도 중요하다. 필요한 경우 완벽하고 간략한 구술을 할 수 있게 해줄 뿐만 아니라, 훌륭한 의사 전달자로서 자신을 연마시킨다. 기획서를 1 Page Proposal 분량으로 쓰는 것은 목표를 명확히 해주고, 그것에 집중하게 해주며, 함정을 찾아내고 판단력을 높여 줄 뿐 아니라, 아이디어를 완벽하게 만든다. 사업의 모든 면에서 이 같은 공정을 이용하면 많은 이익을 얻을 수 있다.

1 Page Proposal을 한 장의 사진처럼 생각하라. 하나의 틀에 완벽한 이미지를 함축해 놓은 사진 말이다. 사진을 찍을 때 당신의 어린 두 아이들이 틀 밖에 서 있다는 이유로 그들을 따로 찍겠는가? 물론 아닐 것이다. 마찬가지로 당신이 상대방을 설득할 결정적인 요소 몇 가지를 두번째 쪽에 담는 것은 좋은 생각이 아니다. 그것은 기획서의 가치를 떨어뜨리고 분산시켜 마침내는 아이디어마저 퇴색시킨다.

400단어 내외로 이루어진 1 Page Proposal을 훑어보는 데 걸리는 시간은 평균 3, 4분이다. 우리의 목표는 바로 그 몇 분 동안 우리의 생각이 전달되는 것이다. 우선은 일을 성취했다는 보상을 얻게 될 것이고, 어쩌면 이 게임에서 가장 중요한 목적을 이루게 될지도 모른다. 다시 말해 우리가 타깃으로 삼고 있는 결정권자의 레이더망에 우리의 아이디어가 걸릴지도 모른다는 것이다.

>>> 전통적인 사업 기획서의 문제점은 무엇인가?

모든 요소를 완벽하게 갖춘 사업 기획서에는 문제가 없다. 투자가 이루어져야 하는 새로운 사업이나 벤처 사업을 검토하는 데는 한 시간 내지 한 시간 반 정도의 시간이 필요하다.

내 경우에는, 전통적인 사업 기획서를 참고하지 않고 1 Page Proposal만으로 결정이 이루어진 경우가 대부분이었다. 전통적인 방식의 사업 기획서는 일의 진행 과정상 후에 어떤 특별한 기능을 수행할 때 사용되는 특별한 종류의 서류이다. 투자자나 사업 후원자들에게 어떤 사업을 알리고 거기에 참여하도록 하는 데 꼭 필요한 것은 아니다. 소개의 용도로 사용되는 것은 이미 오래 전의 일이라는 것이다. 오늘날 그러한 종류의 서류는 CEO나 투자자들에게 읽히기보다는 변호사나 회계사들에게 넘겨진다.

만약 그러한 방대한 규모의 사업 기획서를 이미 쓰기 시작했다면, 멈추지 말고 계속하라. 언젠가는 필요하게 될 것이다. 하지만 꼭 기억해야 할 것은 그 작업이 끝난 뒤 처음으로 돌아가서 다시 쓰라는 것이다. 1 Page Proposal로.

>>>1 Page Proposal의 다른 점은 무엇인가?

1 Page Proposal은 간결한 비즈니스 서류들과 비슷하다. 사업 개요와 비슷하기도 하고, 바쁜 정치가들이 특정한 유권 단체의 관심사를 소개하는 용도로 쓰는 청서靑書 : 영국 의회 또는 정부의 보고서와 비슷하다. 심지어는 사업 설명서의 겉표지와 비슷하기까지 하다.

하지만 다른 점은 바로 이런 것들이다. 짧긴 하지만 1 Page Proposal은 분명 '기획서'이다. 다른 것들은 단지 요약에 불과하다. 그것은 상대방을 끌어들이지도 설득하지도 않는다. 부탁하는 것도 없다. 예를 들어, 개요는 현 상황을 보여주는 짧은 보고서에 불과하다. 청서는 여러 요소를 빼서 짧게 만드는 것이지 내용을 압축하는 것이 아니다. 어떤 시간 내에 특정한 단체를 위해 꼭 필요한 것이 무엇인가를 밝히는 것뿐이다. 사업 설명서의 겉표지는 사업의 키포인트를 요약하기는 하지만 아무것도 제안하지는 않는다.

1 Page Proposal은 그것을 읽는 사람이 결정을 내리는 데 필요한 모든 정보를 전달할 뿐 아니라 강한 설득력을 지니고 있다. 많은 내용의 서류를 짧게 줄여 놓은 것이 아니라, 그 자체로 하나의 완전한 서류이다. 반복해서 쓰일 수 있는 하나의 형식, 즉 틀^{template}을 만드는 것임을 잊지 말라. 형식을 따르지 않거나 형식을 이루는 요소를 다 사용하지 않는다면, 그것은 기획서가 아니라 짧은 보고서에 불과할 것이다.

>>>1 Page Proposal은 언제 필요한가?

1 Page Proposal은 시작의 도구이다. 여기에서부터 일이 시작된다. 관성^{inertia}은 사업에 있어서 가장 막강한 걸림돌이다. 모든 것은 폭력, 이성, 두려움, 사리^{私利}, 생존 본능 같은 힘이 작용하기 전까지는 현 상태를 유지하려 한다. 1 Page Proposal은 현 상태로 남아 있으려는 상대방의 본능에 도전하고 새로운 것을 제안해 움직이게 만든다.

자, 추진하고자 하는 일이 무엇인가? 청소년 축구팀을 만들고 싶은가? 시의회와 공원 관리국 혹은 이웃의 청소년 담당 위원들에게 제시할 서류로 1 Page Proposal은 완벽하다. 당신의 계획, 축구팀을 결성하는 주요 이유, 필요한 재정과 공동체의 지원, 그리고 제철에 출발시키는 데 필요한 일정 구성, 공동체의 각 구성원과 단체가 할 수 있는 일, 이 모든 것을

1 Page Proposal에 집어넣을 수 있다.

좀더 크게 생각해 보자. 새로운 사업을 시작하고 싶은가? 그리고 그 일을 실행시킬 투자자가 필요한가? 그 사업을 지원해 줄 투자자를 주의 깊게 고른 뒤 1 Page Proposal을 보내 보라.

정말 큰 일을 생각해 보자. 여러분이 살고 있는 도시에 내셔널풋볼리그팀을 끌어들이고 싶은가? 그렇다면 정치가, 사업가, 은행가, 주의회 의원, 관계 당국, 주요 인사, 이들 모두의 협력을 이끌어 내야 한다. 그리고 결국 그 모든 사람들이 읽고 이해할 수 있는 기막힌 사업 기획서가 필요할 것이다.

하지만 우선, 이 프로젝트에 대한 여러분의 비전, 지식, 열정이 더 큰 공동체의 바퀴를 굴러가게 할 수 있는 주요 인사들의 마음에 와 닿아야 할 것이다. 그들은 이 일을 성사시키는 데 있어서 꼭 설득해야 할 주요 인물들이지만, 그들은 색다른 아이디어에 마음을 쏟을 시간적 여유가 없다. 여러분의 1 Page Proposal은 논리와 아이디어의 실행 가능성, 든든한 재정을 보여준다. 그것도 아주 효과적으로.

모든 아이디어가 방대한 스케일을 갖고 있는 것은 아니다. 고맙게도 1 Page Proposal은 어떤 사업에도, 개인적 활동에도 적합한 형식을 갖고 있다. 예를 들면 새로운 직장, 어떤 공동체의 새로운 프로젝트, 탐험, 자선 기금 요청, 장학금 요청, 판매 협조 요청, 유물의 경매 신청, 공공 운송 수단의 개선책 등이 그것이다.

나는 일자리를 요청하는 1 Page Proposal을 한 대기업에 제출한 적이 있다. 그리고 아주 나중에서야 이력서를 냈다. 그저 형식상 필요해서였다. 1 Page Proposal의 형식을 사용하면 어떤 일이든 효과적으로 제안할 수 있다.

>>>1 Page Proposal이 최선의 선택이 아닌 경우도 있다

어떤 회사는 자체 서류 형식에 지나치게 얽매여 있거나 형식에 대한 규칙이 엄격해서 형식이 맞지 않는다는 이유만으로 1 Page Proposal을 거절한다.

그런 곳이 많지는 않으므로 해당 회사의 기획서 형식 규정이 어떠한지 알아볼 필요가 있다. 내 경우, 1 Page Proposal이 형식 때문에 거절당한 곳은 서너 곳에 불과했다.

| 정부 제출용 |

주 정부나 연방 정부에 제출하는 기획서(조지 부시의 최근 요청서에도 불구하고)는 각 부서마다 형식이 다르며, 고유한 형식 · 길이 · 순서가 있다. 그런 기관에 1 Page Proposal을 억지로 밀어 넣는 것은 헛된 일이다.

| 보조금 청구용 |

재단이나 보조금을 담당하는 기관은 기금을 원하거나 새로운 아이디어를 실행하는 데 필요한 지원금을 원하는 사람들에게 일정 양식을 제공한다.

| 공공 · 개인 기금, 건축물, 엔지니어링 · 건설, 환경 연구, 법 연구, 고용기회 평등위원회^{EEOC}의 명령에 의한 응낙 등에 관련된 비교적 큰 규모의 지역 발전 기획서의 경우 |

이 경우에는 일의 성격이 매우 복잡해서 아무리 축약을 해도 1 Page Proposal에 내용이 다 들어가지 못한다. 그렇더라도 프로젝트를 시작하는 단계에서 1 Page Proposal은 훌륭한 서류가 될 것이라는 생각을 지우지 말자.

| 문학 관련 기획서 |

이것은 전통적으로 분량이 많다. 책의 아이디어를 효과적으로 작성하는 방법에 대한 다른 참고서들도 많이 있을 것이다. 그러나 1 Page Proposal이 편집자의 책상 위에 놓여 있고, 그것을 읽어보고 끌린 편집자가 저자에게 전통적인 기획서를 요구하는 광경을 그려보는 것도 불가능하지는 않다(이 책의 출판을 요청하는 1 Page Proposal이 부록에 있으니 참고하시길).

기존의 기획서 양식에 맞지 않는다고 해서 새로운 아이디어를 물리칠 기업은 오늘날 그리 많지 않다. 산업 현장은 활짝 열려 있다. 고유한 양식만 허용되는 경우가 아니라면, 1 Page Proposal을 이곳 저곳에 사용해보라.

>>> 그래도 화려한 포장이 주는 가치가 있지 않느냐고?

인터넷의 장점 중 하나는 소규모 사업도 대기업과 경쟁할 기회가 있다는 것이다. 그러한 장점으로 인해 1990년대에 웹사이트 창업이 크게 증가했다. 여러분이 만든 웹사이트가 커지면, 사실상 대규모의 사업이 되는 것이다.

1 Page Proposal도 비슷한 효과를 지니고 있다. 1 Page Proposal을 정확하게 실행시키기만 한다면, 비즈니스 커뮤니케이션의 수단으로서 거

대한 효과를 가져올 수 있다. 비싼 종이에 컬러로 프린트하고 멋있게 제본하거나 최첨단의 그래픽을 사용하는 것은 기업의 규모와 부, 지위를 과시하는 것일 뿐이지 커뮤니케이션의 힘이 강력해지는 것은 아니다.

그러한 힘은 간결하게 전달된 지식에서 나오는 것이다. 규모, 부, 지위에 상관없이 개인이든 회사든 1 Page Proposal을 만들어 낼 수 있고 경쟁을 수반하는 실전에서 필요한 역할을 완수할 수 있다.

1 Page Proposal은 사업 자료에 대해 일반적으로 알고 있는, 혹은 잘못 알고 있는 인식(비싼 포장일수록 더 낫다는)을 바꿔 줄 커다란 계기가 될 것이다. 값비싼 포장은 도를 넘는 행위이며, 오늘날의 사업 환경은 그런 것을 환영하지도 않는다. 화려한 기획서는 디자이너와 프린트 회사를 부자로 만들어 줄 뿐이다.

무엇 하러 그런 일을 하는가? 첫인상을 강하게 심어 주기 위해서? 실제보다 큰 회사인 것처럼 보이려고? 1 Page Proposal은 화려함을 실속으로 바꿈으로써 겉만 화려한 관행에 변화를 준다. 사람의 마음을 끄는 형식이 화려한 포장을 대신하고, 레이저 같은 투명함이 진부함을 대신한다.

>>>짧은 시간 안에 읽히는 것이므로 쓰는 데 오래 걸리지 않는다고?

당신의 입장은 어떠한가? 간결한 형식의 1 Page Proposal을 쓰면 손쉬운 방법으로 단시간 내에 끝낼 수 있으니, 골치 아픈 일에서 해방될 것이라고 생각하는가? 그러한 기대를 갖고 있는가?

그렇다면 1 Page Proposal을 쓰는 공정은 당신에게 적합하지 않다. 1 Page 분량이니까 쉽고 빠르게 작성될 것이라고 생각하기 쉽지만, 사실 꽤 시간이 걸리는 작업이다. 완전한 분량의 사업 기획서만큼 많은 시간이 걸리지는 않지만, 그렇다고 한 시간 내로 작성될 성질의 것 또한 아니다. 갖고 있는 모든 정보를 1 Page Proposal에 담으려면, 일단 모든 정보를 수집하고 평가하고 우선 순위를 정하고 완벽하게 파악해야 한다.

만약 시간에 쫓기고 있다면 어떤 기획서도 제대로 작성하지 못한다. 그러나 당신이 제안하려고 하는 사업의 정보를 충분히 갖고 있다면, 1 Page Proposal의 내적 원동력을 표현할 수 있을 것이다. 기획서의 주제가 당신의 전문 분야에 관한 것일 수도 있다.

설득력 강한 기획서를 쓰기 위한 충분한 지식과 핵심 요소(그 일의 배경, 논리적 근거, 재정, 실행 과정)를 파악한 뒤 책상에 앉는다면, 1 Page Proposal은 당신의 작업을 신속하게 전진시키는 도구가 된다. 단어를 고르고 그 글을 읽을 사람의 수준에 맞게 다듬는 데 대부분의 시간이 소요된다. 그렇게 작성된 기획서는 여러분이 타깃으로 삼는 투자자의 책상에 몇 주가 아니라 며칠 동안만 머물러 있다.

따라서 당신이 전문가라면 1 Page Proposal은 시간을 단축하면서도 효과적이고 실속 있는 사업 기획서를 쓸 수 있는 가장 최고의 선택이다.

이것은 매우 중요하다. 1 Page Proposal은 나쁘거나 뒤떨어진 아이디어를 구해 주지 않는다. 둔한 바이어에게 결함 있는 상품을 팔 수 있도록 고안된 장치가 아니다. 가치 없는 것을 귀하게 보이도록 만들어 주지도 않는다. 작년에 나왔던 아이디어를 신개념인 것처럼 만들어 주지도 못한다. 열심히 단어를 골라서 빨리 그리고 잘 읽히도록 만들기 때문에 나쁜 것을 좋은 것으로 속일 수가 없다.

그러나 당신의 설득에 뭔가 잘못된 점이 있으면 구별해 낼 수 있도록 도와준다. 아이디어가 괜찮고, 제안된 실행 과정이 모두에게 옳은 것이라면 1 Page Proposal은 효과를 발휘한다. 그것은 도구이다. 좋은 도구가 모두 그렇듯, 올바른 곳에 올바르게 쓰였을 때 훌륭한 효과를 발휘한다. 세계에서 제일 성능이 좋은 드라이버라고 해도 못을 박는 데는 쓰지 못하는 법이다.

>>>1 Page Proposal과 당신

우리는 지금까지 1 Page Proposal이 그것을 읽는 사람에게 어떤 이득을 주는지 알아보았다. 하지만 1 Page Proposal은 받아들여지든 거절당하든 간에, 그것을 쓰는 사람에게도 이득을 준다. 1 Page Proposal을 쓰기 위해 준비하고 직접 쓰는 과정은 거래의 종류를 막론하고 누구에게나 도움이 되는 귀한 과정이다.

각각의 실행 과정에서 상세히 다루겠지만, 1 Page Proposal은 준비 과정과 리서치를 요구한다. 다루고자 하는 주제에 대해 어떤 망설임이나 모호함 없이 완벽한 이해를 요구한다. 스스로의 평가 프로그램을 통해 주제를 숙달해야만 강한 설득력을 지닌 언어와 긍정적인 결과에 대한 자신감으로 기획서를 작성할 수 있다.

1 Page Proposal을 쓰는 과정은 간단하지만 명료하게 자신의 생각을 표현하도록 독려하고, 많은 정보를 갖고 있지만 날카롭게 선택된 언어로 표현하도록 만든다. 자신이 쓰는 기획서의 강력함에 자신을 갖되 결함 역시 인지해야 한다. 열정적이고 적극적이되 균형과 우아함의 중요성을 새겨야 한다.

게다가 효율적인 서류를 만들고 다듬어 완성으로 향하는 연습은 근면

함과 집중력을 키워 준다. 훌륭한 1 Page Proposal은 운전을 하면서 단숨에 쓸 수 있는 게 아니다. 또한 소형 녹음기에 대충 녹음할 수 있는 것도 아니다. 충분한 사고 뒤에 리서치, 그 다음 쓰기, 그 다음 다듬기의 과정이 이어진다. 이미 숙달된 사업가라 할지라도 정보에 대한 평가 능력과 표현 능력이 뛰어나게 향상되었음을 발견하게 될 것이다.

>>>**THE ONE PAGE PROPOSAL_3**

03

준비 과정

>>> **냉정하고, 침착하게 자료를 수집하라**

준비 과정은 1 Page Proposal을 성공시키는 결정적 열쇠이다. 준비라는 말에는 시간의 개념이 내포되어 있다. 필요한 모든 현상과 수치를 리서치하는 시간, 기획서에 들어갈 내용들을 모두 숙지하는 시간이라는 뜻이다. 물론 시간은 사치품이다. 그리고 아이러니컬하게도 나는 시간을 '줄어들기만 하는 필수품'이라고 생각해 1 Page Proposal을 발전시켰다. 논리적으로 생각할 때 여러분이 시간을 투자해 자신의 주장을 전략적으로 구성하고, 조리 있게 쓴 다음 객관적으로 검토한다면 그것을 읽는 사람이 내용을 이해하는 데 드는 시간을 줄일 수 있을 것이다.

어떤 정신 상태로 임하느냐 하는 것은 처음부터 중요하다. 자신이 하려는 일에 자신감을 가질 수 있어야 한다. 불충분한 자료로 대충 여백을 메우는 것은 학창 시절 읽지도 않은 책에 대한 독후감을 쓰는 것과 비슷하다. 기분이 좋지 않을뿐더러 목표에 대한 이해의 부족이 그대로 나타나고, 예상치 못한 함정에 빠지거나 초점 잃은 글 쓰기가 된다. 서두르지 말고 차분히 준비를 해라. 그러면 프로젝트의 완성에 이르게 될 것이다. 리서치를 완벽하게 하라. 준비 과정에 시간을 더 많이 쏟아부어라. 스스로 비현실적인 데드라인을 정하지 말라. 데드라인 자체를 아예 정하지 말라. 완벽해지기 전까지, 1 Page Proposal은 세상에 나오면 안 된다. 시간이 아무리 많이 걸리더라도.

>>> 어떻게 시작할 것인가?

1 Page Proposal의 준비를 어떻게 시작할 것인가는 전적으로 기존 지식의 양에 달려 있다. 어떤 정보가 부족한지 정확히 파악한 뒤 리서치를 통해 그 부족함을 메워야 한다. 예를 들어, 대부분의 기획서는 기존의 작업 과정, 상품, 작업 실행 방법, 제조 방법 등의 개선에 아이디어가 있을 때 만들어진다. 개선을 위한 아이디어들은 대개가 그 분야에 경험이 있고, 충분한 지식이 있는 사람들에게서 나온다. 그런 상황이라면 1 Page Proposal은 기존의 지식을 바탕으로 상당 부분 작성될 것이며, 리서치는 몇몇 재정적 사항과 수치에 국한된다. 1 Page Proposal은 매우 세부적인 사항과 수치를 요하므로 어떤 재정적 세부 사항이 첨가되어야 하는지 이 책에서 명확하게 밝혀 주겠다.

지식은 완벽하게 갖추었으나 기획서를 누구에게 제출하는 것이 최선인지 모를 수도 있다. 그럴 때 해야 할 일은 타깃으로 삼을 사람을 찾는 리서치가 될 것이다. 뒤에서 그 방법 또한 설명할 것이다. 여기서 흡수해야 할 가장 중요한 포인트는 1 Page Proposal을 받아 드는 사람이 그 내용과 작성 방법에 따라 마음의 결정을 내린다는 사실이다. 특정한 사람을 염두에 두고 그 사람의 스타일과 관심사를 생각하며 글 쓰기를 시작하는 게 좋은 기획서를 쓰는 방법이다.

시간에 쫓겨 준비한 기획서는, 아이디어는 훌륭하다고 해도 구체적인 사실이나 수치가 갖춰지지 않아 설득력을 잃게 될 수도 있다. 작성자는 자신의 아이디어가 시기 적절하고 적합하며 이익을 가져다 준다는 것을 알고 있지만, '정확한 세부 사항'이 없으면 다른 사람에게 이를 설득할 수 없다. 뒤에 이어지는 정보는 당신에게 더 많은 도움을 줄 것이다.

>>>**자료를 수집하라**

첫 단계는 다음과 같이 시작하는 것이 좋다. 목표를 항상 염두에 두고 1 Page Proposal의 자료가 될 만한 것들의 목록을 만들어라. 언제 주제로 떠오를지 모른다. 관련된 모든 자료를 모아 파일로 만들어 놓아도 상관없고, 어디에서 찾을 수 있는지 알고 있기만 해도 된다. 기획서의 기본 리서치를 이룰 자료들을 모아라. 어떤 것들인지 궁금한가? 신문 기사, 잡지 기사, 인터넷 자료, 정부 자료, 산업계의 데이터나 책자, 사진, 차트, 통계, 인구조사 자료, 인구통계학 자료, 갤럽 조사, 복사본, 책, 스스로 적어 놓은 메모들.

목록을 두 가지로 만들어 보자. 첫째, 제안하고자 하는 사업에 대한 모든 지식(추측하거나 어디에서 들은 말은 제외한다)을 적는다. 다시 말하면, 관련 사업과 목표로 하는 회사 혹은 타깃으로 정한 사람에 대해 직접 체험한, 아니면 적어도 확실한 정보를 뜻한다. 또한 당신의 프로젝트에 수반되는 비용과 금액을 뜻한다. 자신이 알고 있는 것이 확실한지 여부는 정직하게 판단해야 한다. 이 목록의 완성은 중요하다. 그래야만 더욱 중요한 '무지'의 목록으로 나아갈 수 있기 때문이다. 자신이 모르고 있는 것의 넓이와 깊이를 아는 것이 진정한 리서치의 출발점이다.

친한 친구 한 명이 형제와 함께 노스캐롤라이나에서 꽤 큰 건축 회사를 운영한다. 5년쯤 전에 그 회사는 시카고대학의 한 저명한 교수와 함께 전 세계의 모든 보일러 기종에 사용할 수 있는 태양열 지붕을 만들었다. 그 친구는 건축에 대해 모르는 것이 없었다. 애틀랜틱 해안가의 주택, 공장, 학교들을 많이 지어 본 경험이 있기 때문이었다. 그들은 체험으로 전력 산업에 대해 어느 정도 알고 있었고, 자사의 기술이 주택의 겨울 난방과 여름 냉방에 유용하다는 것도 이미 알고 있었다. 또한 태양열 지붕의 경제성이 전 세계 주택의 에너지 소모를 크게 감소시킬 것을 알고 있었다.

그러나 에너지로서의 태양열에 대해서는 모르는 게 더 많았다. 그들은 자신들이 모르고 있는 것들을 모아 '무지' 목록을 만들었다.

- 시장의 규모와 형태
- 태양열 관리 기관
- 태양열 시장을 개발할 전략을 지닌 다국적 기업

그들은 고향인 노스캐롤라이나의 공공 전력 회사인 듀크 에너지사에 자신들의 발명품을 알리기로 결정했다. 듀크사는 유명했기 때문에 잘 알고 있었지만, 지식을 보충하기 위해 듀크사의 투자 관리 부서에 전화를 해서 가장 최근의 연감을 보내 달라고 부탁했다. 그들의 생산품은 확실히 승산이 있었고, 시장에서 호평을 받을 확률이 높았다. 하지만 그들은 조사에 박차를 가해 몰랐던 것들에 대한 해답을 모두 찾았다.

모르는 것이 처음부터 너무 많다고 해서 걱정할 필요는 없다. 아는 것과 모르는 것, 두 가지 목록을 가능한 한 길게 작성하는 것이 좋다. 아주 사소한 것이라도 알고 있다면 자신감을 가지고 적도록 하라. 나중에 매우 중요한 정보가 될 수도 있다. 동시에, 당신이 알고 있는 것과 모르는 것 사이의 차이를 정확히 파악하고 있을수록 기획서를 쉽고 자연스럽게 쓸 수 있다는 사실을 명심하라. 사실, 모르고 있는 정보의 많은 부분은 당신이 이미 알고 있는 것들을 주의 깊게 다시 읽다 보면 발견되는 경우가 많다.

T. S. 엘리엇은 이렇게 말했다. "우리가 알고 있는 지식 모두는 우리의 무지를 깨닫게 해준다." 기획서를 쓰는 과정에서 '정직'과 '열심'은 매우 건전한 태도다. 배울 것도 널려 있고 당신의 타깃이 되는 사람에게 알려 줄 것도 너무 많다.

>>> 목표는 완전한 이해다

리서치를 하는 목적은 완벽하게 주제를 파악하는 것이다. 그렇게 해야만 의견을 간단 명료하게 밝힐 수 있고 감동과 믿음을 줄 수 있다. 리서치를 하다 보면 무미건조한 현상들과 수치의 집합이 대부분일 것이다. 그러나 글을 쓸 때의 어조와 문체는 프로젝트를 확실히 이해하고 있다는 것과, 자료가 충분히 프로젝트를 뒷받침해 주고 있음을 반영해야 한다. 그것은 리서치 과정에서 배우는 모든 것들이 득이 된다는 것을 의미한다. 비록 그것들이 '무지' 목록에 올랐던 토픽의 수를 훨씬 뛰어넘더라도 말이다.

이 과정을 시험이라고 생각하지 말라. 오로지 목록에만 매달리지 말라는 소리다. 얻을 수 있는 모든 정보를 얻어라. 프로젝트와는 거의 관계가 없다고 생각했던 것이 실제로 기획서를 쓸 때 갑자기 중요한 정보로 떠오를 수 있다.

프로젝트에 대한 열정이 리서치에 에너지를 제공해 줄 것이다. 만들고자 하는 기획서에 진실로 깊은 애정을 갖고 있다면, 강도 높은 주장을 구성하기 위한 시간 투자를 힘든 노동으로 생각하지 않고 기쁨으로 생각하게 될 것이다.

>>> 인터넷상에서의 리서치

월드와이드웹World Wide Web은 전 세계의 책들을 모아 놓은 도서관과도 같다. 단지 그 모든 책이 바닥에 수북히 쌓여 있을 뿐이다. 다른 말로 하면, 웹에는 정보가 너무 가득해 조직화가 결여되어 있다. 산업 전반에 걸친 상세한 데이터와 통계 자료, 계획, 뉴스, 정보 등 1 Page Proposal에 필요한 정보들이 인터넷에 널려 있다. 문제는 그 정보들을 어떻게 효과적으로 시기 적절하게 찾아내느냐 하는 것이다. 집이나 사무실에 인터넷 도구가 없다면 가까운 도서관에 가보라. 컴퓨터의 온라인 서비스를 받을 수 있을 것이다.

필요한 정보를 찾는 몇 가지 요령을 소개한다.

- 큰 주제로 시작하라. 유명한 인터넷 검색 엔진 중 하나를 사용해 주제를 넓게 검색하라. 나는 구글www.google.com과 야후www.yahoo.com를 주로 사용했다.

- 불린 프로토콜Boolean protocol : '그리고', '혹은', '제외'을 사용해서 특정 주제에 다가가라. 이러한 검색 언어에 익숙하지 않다면 인터넷 공급자에게

물어 보면 된다.

- 연방 정부의 웹사이트를 이용해 기업의 공공 데이터를 얻어라. 나는 그
  것을 매우 유용하게 사용했다. 공공으로 얻을 수 있는 정보가 믿을 수 없
  을 만큼 많았다. 폭넓은 리서치, 정보, 데이터·통계의 시작 포인트로 포
  괄적 정부 사이트를 이용해 볼 것을 권한다.

| www.business.gov |

SBA The Small Business Administration가 소규모 기업이 이용할 수 있는 연방 정
부의 정보들을 이 사이트에 모아 놓았다. 정부 관련 사업, 금융·대출 상
담, 창업 안내, 국제 무역, 노동 고용 문제, 연방법과 법규 등이 포함되어
있다.

| www.fedworld.gov |

연방 정부의 정보를 포괄적으로 담아 놓은 이 사이트는 정부 기관, 조
직, 부서, 법원, 위원회, 대사관, 그리고 무수히 많은 정부 사이트를 연결
해 주는 서비스를 제공한다.

| www.fedworld.gov/detail.htm#search |

페드월드의 검색 엔진. 모든 페드월드 시스템에서 데이터 및 더 많은
관련 사이트들을 찾아 준다.

| www.worldtec.fedworld.gov/index.htm |

전 세계의 산업, 과학, 기술에 관련된 최신 자료를 영어로 번역해 주는
사이트이다. 회원 가입을 하면 서비스를 받을 수 있다.

미국 정부 기관에서 발행하는 통계 자료를 수집하고 찾아 주는 뛰어난 검색 엔진을 제공한다. 또한 〈통계자료집 Statistical Abstract〉의 정보도 요약해서 제공하고 있다.

방대하고 복합적인 사이트이지만 아이러니컬하게도 그 목적은 정부 자료에 간단하게 접근할 수 있도록 하는 데 있다. 이 사이트를 받치는 기둥은 다섯 개다. 정부와 군사 데이터베이스 검색, 연방 관련 디렉토리, 일반 소비자를 위한 디렉토리, 인터내셔널 링크, 연방정보센터가 그것이다.

미 정부전용인쇄소 홈페이지이다('미국 전역에 꾸준한 정보 제공').

>>> 전통적 방법의 리서치

월드와이드웹을 통한 리서치가 마음에 들지 않는가. 걱정할 필요 없다. 필요한 정보를 찾는 데는 아직까지 여러 가지 방법이 있다. 쉬운 방법부터 실행해 보자. 도서실의 사서를 직접 찾아가 원하는 정보를 정확히 물어 보라. 요즘의 도서 전문가들은 정보 탐색에는 비상해서 훌륭한 조언을 해줄 수 있다. 그들은 십중팔구 당신에게 두껍고 어마어마한 분량의 책을 내밀 것이다. 그러나 겁먹을 필요는 없다. 그 자료들은 보기보다 정보를 찾아내기가 쉽다. 다음과 같은 과정을 따라가 보자.

| SIC 코드 책자 |

SIC ^{The Standard Industry Classification : 표준산업분류} 시스템은 숫자 코드로 미국 내 모든 산업을 시장, 규모, 그 외 상세한 부분으로 분류해 놓았다. 여러분의 아이디어를 개념적으로 확실히 정립할 수 있는 훌륭한 길잡이이며, 경쟁자와 미래의 파트너, 판매자, 그 산업의 재정 규모 및 그것을 지배하고 조정하는 기관이 어디인지 등 여러 가지를 배울 수 있는 방법이다. SIC 책자를 출판하는 대표적 출판사로 토머스 레지스터 ^{Thomas Register}가 있다.

| 연감 |

도서관에는 공·사 기업의 최근 연감 ^{Annual Reports}을 비치해 놓는 경우가 많다. 연감에서는 실제 사실과 수치만 알 수 있는 것이 아니라, 특정 산업에 쓰이는 어려운 숫자를 기입하는 법도 배울 수 있다. 게다가 연감을 보다 보면 경쟁 의식과 시장 전략까지 제공받을 수 있다. 도서관에 없는 것은 온라인으로 어떤 연감이라도 구할 수 있다. 다음과 같은 웹사이트를 이용해 보라.

- www.annualreportslibrary.com
- www.thecorporatelibrary.com
- www.reportgallery.com
- ww.cfonews.com
- www.10-kwizard.com : 이 사이트는 증권거래위원회 파일에 깊숙이 숨어 있는 사람과 회사, 산업에 대한 귀중한 자료를 찾아 주는 특별한 사이트이다. 모든 공기업의 10K와 10Q 형식(문서 형식), 등록 사항, 대리인, 안내 사항, 분기 혹은 연도별 보고서가 실제로 모두 들어 있다. 회원

가입을 해야 서비스를 받을 수 있는 번거로움이 있지만, 그럴 만한 가치
가 있다.

| 신문잡지협회 |

큰 규모의 모든 국가 산업은 워싱턴에서 로비를 하고, 회원들의 관심
사를 실은 신문과 잡지를 만드는 협회의 지원을 받는다. 그 협회의 출판
물들은 산업 데이터와 경향, 특정 경영인에 대한 정보까지 얻을 수 있는
좋은 자료가 된다.

| 정부정기간행물 |

다양한 산업 데이터와 경향, 문제점 등을 파악할 수 있다.

위에 말한 모든 것은 일반 대중이 약간의 경비를 들이거나 무료로 이용
할 수 있다. 그러나 개인 정보 서비스 회사에서 정보를 얻으려면 적지 않
은 경비를 들여야 한다. 그러한 회사로는 던 앤 브래드스트리트Dun &
Bradstreet, 무디스Moody's 같은 금융 정보 회사와 넥서스Nexus 같은 광범위 정
보 서비스가 있다.

>>>1 Page Proposal을 누구에게 제출할 것인가?

1 Page Proposal을 받아 볼 사람을 마음속에 그리고 있는가? 그것은
기획서를 작성하기 시작할 때부터 꼭 갖고 있어야 할 중요한 정보이다.
그래야만 글 쓰기의 내용과 어조를 정할 수 있다. 그 사람을 개인적으로
알고 있다면 그의 관심사, 습관, 태도 등도 알고 있을 것이다. 그렇다면

설득적인 글을 쓰기가 매우 편해진다. 그 사람의 이름만 알지 그 외의 것
은 모른다면 조사해 볼 필요가 있다.

- 그가 살고 있는 도시의 신문 보관소로 가서 이름을 찾아보라. 분명히 그
  에 대한 기사가 나와 있을 것이다.
- 그를 개인적 혹은 사업상으로 알고 있는 동료를 찾아가 물어 보라.
- 〈후즈후〉Who's Who : 현존 인물의 이름, 직업, 경력, 가족 관계 등을 기술해 놓은 책에서
  그 사람을 찾아보라. 만약 어떤 회사의 경영인이라면 그 회사의 연감이
  나 안내 소책자에서 그에 대한 부가 정보를 찾을 수 있을 것이다.
- 회사 홍보실에 연락해 그 사람의 이름이 거론된 최근 기사가 있는지 물
  어 본다. 홍보실에서 그에 대한 약력과 배경 정보뿐만 아니라, 최근 업적
  까지 포함된 기사를 제공해 줄 수도 있다.

　일단 그 사람에 대한 윤곽이 잡히면 지금까지 알아낸 것을 이용해 그의
성격과 관심사에 맞게 기획서를 써야 한다. 중요한 것은, 리서치로 얻은
정보를 활용해 상대방의 반응을 예상하는 것이다. 예를 들어, 오랫동안
영화 제작에 관여해 온 재정가에게 자신의 아이디어를 영화로 만들 수 있
도록 해 달라고 설득하고 있다면, 영화를 만들어서 수익을 어떻게 낼 것
인가 하는 문제에 대해 짧고 명확하게 언급해야 한다. 상대방은 이미 모
든 것을 알고 있기 때문이다. 한편, 사업의 성격을 잘 모르는 외국인 투자
자를 상대한다면, 그것에 대해 약간의 설명을 덧붙이는 것이 장기적인 안
목으로 볼 때 투자와 당신에 대한 믿음을 줄 수 있을 것이다.

　기획서를 제출할 회사나 조직은 찾았는데 누구에게 제출해야 하는지
모를 때는 어떻게 할 것인가?

- 회사에 전화를 걸어 물어 보라. 우선 홍보 부서에 물어 본 다음 안내나
비서에게 물어 본다.
- 관련 간행물을 읽어 보고 당신의 관심 분야에 있어 그 회사 내의 누가
결정권자로 거론되는지 알아본다.
- 그 회사와 일한 적이 있는 사람과 통화해 본다. 그 회사와 거래하는 광고
대행사나 법률 회사에 아는 사람이 있다면 더욱 좋다.

당신의 1 Page Proposal이 적합한 사람은 여러 명 있다는 것을 명심하라. 아는 사람 혹은 항상 투자 권유를 받는 소수의 특권층에 접근하는 것으로 자신을 제한하지 말라. 인텔사의 설립자인 로버트 노이스Robert Noyce는 언젠가 이렇게 말했다. "과거에 얽매이지 말고 경탄할 만한 것을 이루어 내라."

목표를 높게 잡아라. 친구가 많으면 도움을 줄 것이나 현 상태 이상의 것을 생각하라. 위대한 사람은 자신을 더욱 성공하게 해줄 새롭고 기발한 아이디어에 항상 관심을 가졌다. 이런 옛말이 있다. "잘 나가는 사업가는 친구를 빨리 사귄다." 누구에게든 다가가라. 당신의 적극성이 전염될 것이다.

>>> 직접 나서라

나는 스물두 살 청년 시절에 터키를 여행하다가 우연히 집어든 〈뉴스위크〉에서 미국인 두 명의 특이한 삶과 자연보호 노력에 관한 기사를 읽게 되었다. 그 두 명은 영화배우 윌리엄 홀덴William Holden과 그의 절친한 친구 돈 헌트Don Hunt였다. 함께 실린 사진에는 두 남자가 케냐의 초원을

헤치며 치타를 쫓고 있는 모습이 실려 있었다. 케냐 사파리 클럽에서 생활하는 그들의 삶과 클럽의 확장에 대한 미래의 비전이 주된 기사 내용이었다. 당시는 1969년으로 내 친구들 대부분이 군대에 가 있던 시절이었다. 몇 명은 베트남에 있었는데, 그 중 두 명은 전사했다. 축구 시합 때 심한 부상을 입어 4등급[4F : 군 입대 면제 등급] 판정을 받았던 나는 운이 좋다고 생각했지만, 한편으로는 위험을 모면한 대신 뭔가 인생에서 가치 있는 일을 해야 한다는 책임감을 느끼고 있었다. 그러던 차에 〈뉴스위크〉의 기사가 도화선이 되었다.

나는 케냐로 가서 넉 달 동안 홀덴과 헌트의 생활을 조사해 그들의 사업뿐 아니라, 사적 관심사가 무엇인지까지도 자세히 조사했다. 그리고 마침내 돈 헌트와 만날 약속을 하기 위해 전화를 걸었다. 그에게 나를 고용해 달라는, 거절할 수 없는 부탁을 할 참이었다. 케냐 사파리 클럽이 있는 나뉴키[Nanyuki]에 전화를 걸었고, 말이 끝날 때마다 '오버'를 말해야 하는 송수신 겸용 무전기를 사용했다. 아무리 좋게 말해도 대화는 어색할 수밖에 없었다. 그러나 나는 그 미팅에서 얻어내야 할 것이 무엇인지 확실히 알고 있었으며, 상세한 부분까지 이미 생각해 놓은 다음에 제안한 미팅이었다.

결국 케냐에 간 지 다섯 달 만에 아프리카의 뿔 사파리에서 홀덴, 헌트와 함께 야생 동물을 잡아 재배치하는 작업을 하게 되었다. 먼 타국이었고 첫 직장이었지만, 나는 그 일을 사랑했다. 6년 동안 그들 밑에서 일하면서 소말리아에서 치타를 잡은 적도 있었고, 워너 브라더스[Warner Brothers]의 부탁으로 자동차를 타고 돌아다닐 수 있는 사파리 공원을 만들기도 했다. 훌륭한 모험을 할 수 있었던 내 인생 최고의 시간이었다. 처음 날 고용해 달라고 제안하지 않았던들 그런 시간을 누릴 수 있었을까.

요점은, 기획서를 제출할 상대를 주의 깊게 고르라는 것이다. 비즈니스는 직접적이고 개인적이라는 것을 항상 명심하라. 나의 경우, 홀덴과 헌트가 자신들을 만나기 위해 애썼던 내 노력을 무시하지 않을 것이라는 직감이 들었고 내 생각은 틀리지 않았다.

수천 명의 지원자들이 홀덴과 헌트에게 편지를 쓰고 이력서를 보내 자신들을 고용해 줄 것을 요청했다는 소리를 나중에 들었다. 그러나 케냐까지 가서 그들을 직접 만난 사람은 나 하나였다. 먼 여행이었고 그것이 내 인생을 바꿔 놓았다.

>>> 상대에 따라 거래가 달라져야 한다

기획서를 제출할 상대를 골랐다면 그 사람은 필시 사업, 자선, 투자 혹은 의사 결정에 있어서 웬만한 경력이 있는 사람일 것이다. 어떤 거래를 했던 사람이고, 그 거래에서 어떤 역할을 수행했는지 알아보라. 그와 같은 전략적 리서치를 통해 정보를 얻어야만 기획서를 특별하게 만들 수 있다.

예를 들어, 당신이 1 Page Proposal을 제출하려고 하는 벤처 투자가가 과거에도 비슷한 거래를 여러 건 했다는 것을 알아낼 수 있을 것이다. 지난 거래들을 리서치한 결과, 그는 믿을 만한 CFO^{최고재무관리자 : Chief Financial Officer}의 이름이 올라 있지 않은 거래에는 절대 처음부터 투자를 하지 않는다는 사실을 알게 되었다. 그것이야말로 황금 정보이다. 기획서를 제출하기 전에 견실한 CFO를 같은 편으로 만들고, 그의 이름을 기획서에 눈에 띄게 올려야 한다.

또한 이타적인 내용으로 투자자의 관심을 끌어야 한다. 자선이나 박애의 내용을 기획서에 포함시켜 그들의 기호에 맞춘다. 동의를 얻어낼 기회가 더 많아질 뿐 아니라 개인과 사회 모두의 이익이 된다. 타깃으로 삼은 그 사람이 과거에 비슷한 기획서에 호의적이지 않았다는 것을 알았다면, 그때 이후로 상황이 많이 변했으며 이번에 제출하는 새 기획서는 전에 장애가 되었던 모든 문제가 해결되었음을 보여준다.

일례로 당신이 살고 있는 도시의 가장 큰 공원에서 여름 콘서트를 계획하는 기획서를 제출한다고 하자. 그러나 그 계획을 승인해야 할 시장은 지난 여름에 콘서트를 열었다가 금전적 손실만 입은 경험이 있기 때문에 거절할 가능성이 많다. 아무도 보러 오지 않았던 것이다. 그 사실을 무시하는 대신 시장의 거절을 정면충돌로 헤쳐 나가자.

"지난 여름 페스티벌을 실패하게 만들었던 문제들은 극복되었습니다. 공원 범죄가 사실상 없어졌습니다. 공원을 찾는 사람이 300% 이상 늘었고, 공원 주변이 눈에 띄게 개선되었습니다. 전문 프로모션 회사에서 광고를 수주하기로 동의했을 뿐 아니라, 유명 록밴드의 공연도 잡아 놓았습니다."

시장은 거절하기가 꽤 힘들 것이다. 지난 일을 몰랐다면 당신의 기획서는 분명 그 자리에서 퇴짜를 당했을 것이다.

1 Page Proposal을 읽어 볼 사람의 패턴과 습관을 아는 것은 확실히 전략적 이득이다. 그렇지만 그것이 황당한 결과를 가져오게 만들면 안 된다. 최근 노스캐롤라이나의 샬롯^{Charlotte}을 켄터키의 루이스빌 프로 농구팀에 재배치하려는 제안은 극단으로 치달았다. KFC에 수백만 달러의 성명권을 파는 대신 새 경기장을 빨간색과 흰색의 그래픽이 주를 이루는 커다란 치킨 바구니 모양으로 짓는다는 제안이었다. 농구팀을 불러오는 데 주역을 담당할 KFC였지만, 그런 건축물이 주는 인센티브는 도에 넘치는 것이었다. 게다가 KFC는 그 지역 사회를 모욕할 마음이 없었기 때문에 더더욱 불필요한 것이었다.

나는 내 기획서를 받아 볼 사람이 대차대조표에 굉장히 민감한 사람이라는 가정을 하고 작업을 한다. 인센티브가 도에 넘치거나 지나치게 쉽거나 눈에 띄게 비위를 맞추고 있다는 인상을 주면 기획서 전체가 가짜처럼 보인다. 기획서는 항상 자금 회수payback가 아니라 공적merit에 초점을 맞춰야 한다.

>>> 반대 세력 다루기

기획서의 성공에 걸림돌이 되는 요소들을 절대 과소평가하지 말라. 경쟁자들, 이해 관계에 상충되는 사람들, 그리고 정치적 프로젝트의 경우 상반된 이데올로기들이 그것이다.

7년 전, 나는 일본 고객인 니폰 텔레비전 네트워크를 대신해 뉴욕 상원 의원인 대니얼 패트릭 모이니한Daniel Patrick Moynihan에게 1 Page Proposal을 보낸 적이 있다(기획서 전체를 보려면 부록을 보라). 그들은 도쿄에서 열리는 특별 전시회에 우주선 엔터프라이즈 호를 전시하기 위한 추천서를 원하고 있었다. 미·일 양국 관계의 민감한 시기와 맞물린 민감한 프로젝트였다. 나는 리서치를 하는 동안 의회의 방해꾼들이 그 전시회를 주최하는 사람들을 오직 금전적 이득만 취하려는 사람들로 몰아가려 한다는 사실을 알게 되었다. 따라서 모이니한 의원에게 반드시 그 계획의 모든 요소, 특히 금전적 상황을 설명해야 한다는 판단을 내렸다. 나는 1 Page Proposal에 그러한 사항들을 명확하게 밝혔다. 재정 부분의 시작은 이랬다.

"미국에서 지불해야 할 비용은 없습니다. 스폰서와 일본 협력 회사들, 일본 정부 기관에서 전시회에 드는 비용 외에 국립항공우주박물관NASM :

, 스미스소니언협회Smithsonian Institution : 과학 지식의 보급 향

상을 위해 1846년 워싱턴 D. C.에 창립된 학술 협회, 나사, 미 해군에 드는 비용 모두를 지

불할 것입니다. 이번 전시회는 전적으로 비영리적인 사업이며, 모든 수입

은 국립항공우주박물관과 스미스소니언협회에 기부될 것입니다.”

이처럼 어떤 비판의 소지가 있을 것을 미리 파악해 정치적 비판의 가능성

을 일시에 해소시켰다. 결국 그 프로젝트는 모이니한의 추천을 받아 냈다.

기획서가 중립적이어서 직접적인 경쟁 상대가 없다고 해도 당신의 프

로젝트에 대한 투자자의 관심이 자신의 프로젝트에서 시간과 자금을 빼앗

는다고 생각하는 사람들이 있게 마련이다. 이런 경우는 당신이 헐뜯음과

엉뚱한 비난을 당하는 일이 없는지 눈을 크게 뜨고 살펴보는 것 외에는 할

수 있는 일이 별로 없다. 그런 일이 일어나면 적시에 해명을 해야 한다.

>>> 사실을 반드시 확인하라

앞에서도 말했지만, 리서치에서 알아낸 데이터가 확실한지 여부에 주

의를 기울여야 한다. 일례로 인터넷은 단편적이고 부분적이며 잘못된 정

보가 곳곳에 숨어 있는 지뢰밭이다. 나는 신문 기사식 규칙을 따르라고

제안한다. 당신의 1 Page Proposal에 쓸 사실과 수치는 적어도 두 가지

독립적인 소스에서 확인된 것이어야 한다.

그렇다면 잘못된 정보는 어떤 결과를 가져올까? 우선, 기획서를 읽는

사람은 당신만큼 혹은 당신보다 그 내용에 대해 잘 알고 있을 수 있다. 그

렇다면 데이터 부분을 읽던 그 사람은 잘못된 점을 발견할 것이다. 그것은

기획서에 있어서 곧 죽음의 키스이다. 그 제안은 즉시 거절당할 것이다.

두번째, 불완전한 데이터는 잘못된 결론을 이끌어 낸다. 당신은 당신

이 읽은 자료에 근거해 무언가를 가정하고, 그것으로 1 Page Proposal 전체의 틀을 형성한다. 그 틀을 형성하기 전에 기초 자료가 정확한지 확인하라. 1 Page Proposal의 데이터는 반박할 수 없는 것이어야 한다.

>>> 질문을 예상하라

사업이든 인생이든 대부분의 제안들이 거절당하는 이유는 무엇인가? 제안에 대한 가장 안전한 대답이 바로 '거절'이기 때문이다. 지출도 복잡한 생각도 하락도 위험도 없다. 영리하고 지각 있는 투자자 또는 결정권자는 자신의 결정이 확실한 성공을 보장할 때만 제안을 승낙한다. 무모한 도전을 할 필요를 느끼지 못한다. 그러나 확실한 승리가 눈에 보이면 그 기회를 놓치지 않는다.

리서치의 궁극적 목적은 기획서를 읽을 사람이 껄끄럽게 생각할 부분을 조목조목 예상하고, 그가 거절할 부분에 대해 확실한 사실과 반박할 수 없는 논리로 물리치는 것이다. 가장 좋은 방법은 보편적 논리를 피하는 것이다. 예를 들어 당신이 사는 동네에 새 운동장이 필요하다는 주민들의 공론이 있어 그것을 시의회 의원에게 알린다고 하자. 그때, "이 지역의 거의 모든 주민들이 운동장 설립 계획을 지지하며……"라고 쓰면 의원은 이렇게 반응할 것이다. "그걸 어떻게 알아?" 따라서 다음과 같이 쓰는 것이 낫다. "존스여론조사Jones & Associates polling firm가 2001년 6월 1일부터 2001년 7월 1일까지 한 달 동안 벌인 거주민 설문조사에 따르면 89%의 주민들이 운동장 설립 계획을 지지하고……" 의원은 그것을 사실로 인정할 것이다.

리서치(이제부터는 당신의 지식)는 두려움의 반대이다. 막대한 비용은 투자자의 주의를 환기시키는 동시에 두려움의 요소를 증가시킨다. 막대한 자본이 소비될 때 투자자의 머릿속에 제일 먼저 떠오르는 질문은 이것이다. "그 막대한 돈을 어떻게 마련하고 어떻게 수익을 창출해 갚을 것인가?" 그런 두려움을 미리 예상하고 해결 방법을 준비하라. 비용이라는 올가미를 창조적인 대처 방안으로 해결하라. "건축 비용은 50만 달러로 예상됩니다. 이 비용은 현재 시 예산에 포함되어 있지 않으므로 주민 5,000명이 100달러씩 걷어 공사 계약을 위한 비용을 마련하기로 했습니다. 시는 건축 허가를 내리고 그곳에 기본적인 시설을 하는 비용만 들이면 됩니다." 기획서를 받아 보는 사람들은 일련의 질문을 하도록 단련되어 있다. 꼭 답변해야 할 질문들은 다음과 같다.

- 해당 프로젝트는 어떤 구조를 가지고 있는가?
- 그 책임자는 누구인가?
- 비용은 얼마나 드는가?
- 회수 자금의 예상 가능 액수는?
- 해당 기획서의 특별한 점은 무엇이며, 시기는 적절한가?
- 기획서를 제출한 사람에게 특별한 경력이 있는가?

실업가나 임원, 정치 지도자들은 대개의 경우 결코 충동적으로 행동하지 않는다. 그러나 거래의 세부 항목들을 검토하고 위험 요소가 적다고 판단되면 신속하게 움직일 줄 아는 사람들이 또 그들이다. 그때까지 세심한 주의를 기울여야 한다. 부동의 사실들이 그들의 회의적인 태도를 없앨 수 있도록 리서치를 부지런히 해야 한다. 그들에게 'NO'라고 말할 기회를 절대 주어서는 안 된다.

>>>THE ONE PAGE PROPOSAL_4

로드맵
전체적 윤곽 꾸미기

>>> 각 부분들의 전체적 파악

이상적인 1 Page Proposal은 다른 것들과 구별되는 형식을 가지고 있다. 여덟 개 항목으로 나뉘고 각 항목에는 특별한 목적이 있다. 각 항목은 한 쪽 내에서 정해진 자리와 분량이 있다. 그러나 지금은 모든 내용을 한 쪽에 담는 것을 걱정하지 말고 여덟 개 항목을 인지하는 것에 신경 쓰자. 여덟 개 항목은 다음과 같다. 제목, 부제, 목표, 2차 목표, 논리적 근거, 재정, 현재 상태, 실행.

이 순서는 사고와 논증의 논리적이고 유기적인 진행에 따른 것이다.

— 제목과 부제는 기획서 전체를 규명하고 한계를 명확히 한다.

— 목표와 2차 목표는 기획서의 궁극적인 목적을 규정한다.

— 논리적 근거는 제안된 실행이 필요한 기본적 이유를 설명한다.

— 재정은 거래와 관련한 금전적 부분을 명시한다.

— 현재 상태는 일의 현재 상황을 보여준다.

— 실행은 기획서를 작성한 사람이 그것을 읽는 사람에게 원하는 행동을 직접적으로 명시한다.

이상이 1 Page Proposal의 여덟 가지 재료이다. 훌륭한 요리가 그렇듯, 모든 재료가 다이내믹하게 상호 작용함으로써 기막힌 맛이 나온다. 최대의 효과를 내기 위해서는 순서에 따라 내용이 정리되어야 하며, 적당한 비율을 유지해 서로를 보완함으로써 동떨어지는 요소가 없어야 한다.

>>>1 Page Proposal의 예

여기 1 Page Proposal의 견본을 소개한다. 내가 처음 시작한 사업인 제니시스 에이전트 Geniisis Agents 의 투자자를 구하기 위해 만든 기획서이다. 기획서의 주요 부분은 위에서 아래 방향으로 한 쪽 꽉 차게 꾸며져 있다 (1 Page Proposal은 그 같은 경향을 띤다). 각 항목의 길이는 다른 요소들과의 조화에 따라 달라질 수 있다(프로젝트 내에서의 중요도에 따라, 읽는 사람의 지식 정도에 따라, 프로젝트의 현재 진행 상태에 따라). 그러나 위에서 아래로 내려오는 일련의 순서는 항상 같다.

제니시스 에이전트(GENIISIS AGENTS)

능력을 갖춘 프리 에이전트 + 21세기 최고 유망 기업의 연결

목표 : 전 세계 대학과 연구 기관의 고급 인력을 구비한 세계 최고의 에이전시가 되는 것, 그리고 개인의 새로운 연구 성과물을 시장에 내놓거나 관심 있는 사업 파트너와 연결해 주는 것.

- 세계 최고 대학의 인재들의 가치 높은 연구 성과물을 이상적인 비즈니스 파트너와 연결시킴으로써 성과물을 유용화함.
- 21세기에 가장 중요한, 새로운 가치(new equities)를 발전시키고 존속시킴.

미국 및 선진국에서 경제 성장의 원동력은 지식이다. 지식을 기반으로 한 경제에서 중추 역할을 하는 것은 연구이다. 미국의 경우 1997년 연구에 들어간 비용 310억 달러 중 67%인 210억 달러가 대학과 비영리 연구 단체에 쓰였다. 이 비율은 점점 늘고 있다. 대학 내 기초 연구의 중심은 개인 및 개인으로 이루어진 팀이며, 이들이 세상을 바꾸고 있다. 1999년, 옥스퍼드와 캘리포니아대학 출신의 샌프란시스코 사업가 팻 라일리(Pat Riley)는 제니시스 에이전트를 설립하고 그러한 인력의 대리인으로서 그들의 연구 결과를 최고 입찰자에게 연결하고자 한다.

샌프란시스코의 개인 회사 제니시스 에이전트 LLC는 전 세계 대학과 연구 기관의 주요 두뇌들을 대표하는 일류 회사이다. 제니시스는 특별한 회사들과 특별한 인력을 연결시킴으로써 생물공학, 약학, 첨단 물질, 컴퓨터 소프트웨어, 통신, 인터넷 등을 포함한 80가지 범주에서 연구 성과물에 대한 세계 시장을 창조한다. 제니시스가 개발한 통합 기업 포털 시스템, 즉 EWOKS(Enterprise—Wide Open—Ended Knowledge System)는 아카데미와 기업 양자의 최대 이익을 위해 협력한다. 제니시스는 천재들을 위한 에이전시로서 그리고 그 천재들과 접촉해 새로운 이익을 창출하고자 하는 기업들의 에이전시로서 활동한다.

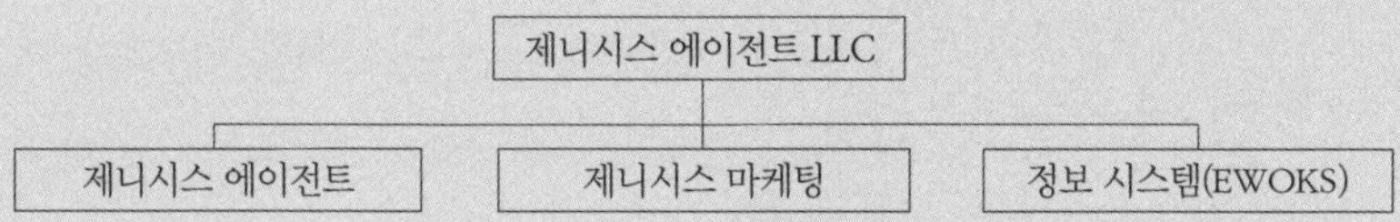

재정 : 제니시스 에이전트는 기업 성장을 위해 재정을 조달받는 창업 회사다. 모든 파트의 수입은 지분 참여로 파생된 새 지분과 현금 수수료로 이루어진다. 개인 대 비즈니스 간 거래(주요 고용 계약, 특허 및 저작권 참여, 지분 이익 등)와, 지적 재산이 비즈니스 형식으로 꾸며지거나 매매 가능한 증권이 오가는 비즈니스 대 비즈니스 간 거래(연구 개발 계획, 합작 벤처, 신생 기업, 지적 재산 혹은 모기업에서 자회사로 출범시킨 지적 재산권 회사, 기업 공개 직전의 신생 기업 등)가 주수입원이다.

현재 상태 : 회사는 현재 형성 단계에 있다. 경영팀이 모두 힘을 모아 조직을 전 세계로 확장하고 있다. 회사는 현재 제니시스 에이전트의 발전을 보증할 금융 파트너를 찾고 있다. 3년 동안 700만 달러에 달하는 투자가 필요할 것이다. 창업자가 39만 달러를 투자했고 17만 달러의 지분을 갖고 있으며 조직 관리 비용을 충당하기 위해 22만 달러를 대출했다. 그 외 페케비치 투자 은행(Petkevich & Partners)이 5만 달러를 지분 투자했다.

실행 : 잠재적 투자자 X는 투자 가능 여부를 타진하기 위해 제니시스 에이전트로부터 전체적인 내용에 대해 프레젠테이션을 받을 것인지 결정한다.

Patrick G. Riley, 15 April 2002

| 제목 |

제니시스 에이전트(GENIISIS AGENTS)
능력을 갖춘 프리 에이전트 + 21세기 최고 유망 기업의 연결

제목은 항상 기획서의 맨 위에 대문자로 쓴다. 시각적으로 시작을 의미하지만 그 외의 역할도 한다.

많은 분량의 사업 계획을 강렬한 효과와 명확성, 의도 등을 잃지 않은 채 한 쪽에 집약하는 것이 1 Page Proposal이기 때문에 제목 역시 기획서의 내용을 한 줄로 집약하는 것이다. 다른 것은 읽지 않더라도 제목만큼은 읽을 것이다. 그러므로 제목은 기획서의 내용을 정확하게 반영하고 틀을 잡아 주어야 한다.

| 부제 |

제니시스 에이전트(GENIISIS AGENTS)
능력을 갖춘 프리 에이전트 + 21세기 최고 유망 기업의 연결

부제는 제목 바로 아래 그보다 작은 크기로 쓴다. 제목을 좀더 세부적으로 설명하는 간결문으로서, 2차적 정보와 설명을 덧붙여 흥미를 불러일으키는 역할을 한다. 제목이 간단한 상표라면 부제는 그 특성을 설명하고 표현한다. 읽는 사람이 제목을 읽은 뒤 궁금증이 생긴다면 부제를 읽을 것이고, 그때 계속해서 아랫부분을 읽을 수 있도록 관심을 사로잡아야 한다.

> **목표** : 전 세계 대학과 연구 기관의 고급 인력을 구비한 세계 최고의 에이전시가 되
> 는 것, 그리고 개인의 새로운 연구 성과물을 시장에 내놓거나 관심 있는 사업
> 파트너와 연결해 주는 것.

목적을 나타내는, 하나의 문장으로 이루어진 '목표' 부분은 '의도' 라고 해도 좋을 것이다. 명백한 언어로 이 기획서가 성취하려는 바를 선언하고 있기 때문이다.

다른 말로 하면, 읽는 사람의 질문인 "무슨 일을 해보겠다는 겁니까?" 혹은 더 상세하게 "이 기획서가 통과되면 어떤 일을 성취시키겠다는 겁니까?"에 대한 대답이 이 '목표' 부분에 쓰여져야 한다. 이 부분에서 기획서의 주요 목표를 진술하는 것이다.

| 2차 목표 |

> • 세계 최고 대학의 인재들의 가치 높은 연구 성과물을 이상적인 비즈니스 파트너
> 와 연결시킴으로써 성과물을 유용화함.
> • 21세기에 가장 중요한, 새로운 가치(new equities)를 발전시키고 존속시킴.

실행시키려고 하는 프로젝트가 무엇이든 목적은 거의 한 가지 이상일 것이다. 2차 목표는 중요하다. 하지만 그것만으로 기획서를 끌고 나갈 수는 없다. 2차 목표는 1차 목표를 보완하고 장점을 부각시켜 읽는 사람의 동의를 얻어낸다.

목적이나 장점을 나열하는 것은 축적된 효과를 가져온다. 읽는 사람이 첫번째 목표에 어느 정도 수긍이 갔다면 두번째 목표에서는 수익을 강조함으로써 더욱 강한 이미지를 줄 수 있다.

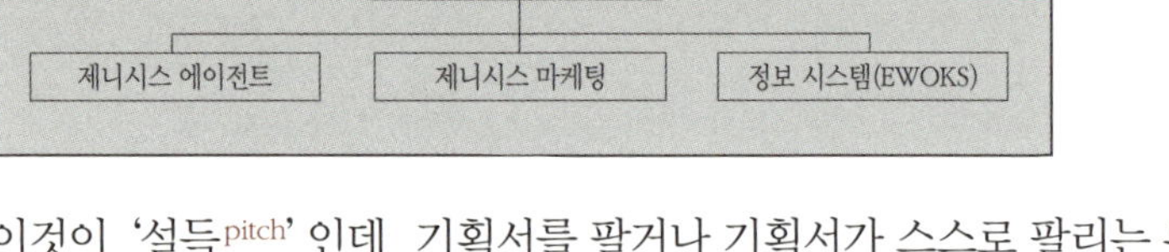

미국 및 선진국에서 경제 성장의 원동력은 지식이다. 지식을 기반으로 한 경제에서 중추 역할을 하는 것은 연구이다. 미국의 경우 1997년 연구에 들어간 비용 310억 달러 중 67%인 210억 달러가 대학과 비영리 연구 단체에 쓰였다. 이 비율은 점점 늘고 있다. 대학 내 기초 연구의 중심은 개인 및 개인으로 이루어진 팀이며, 이들이 세상을 바꾸고 있다. 1999년, 옥스퍼드와 캘리포니아대학 출신의 샌프란시스코 사업가 팻 라일리(Pat Riley)는 제니시스 에이전트를 설립하고 그러한 인력의 대리인으로서 그들의 연구 결과를 최고 입찰자에게 연결하고자 한다.

샌프란시스코의 개인 회사 제니시스 에이전트 LLC는 전 세계 대학과 연구 기관의 주요 두뇌들을 대표하는 일류 회사이다. 제니시스는 특별한 회사들과 특별한 인력을 연결시킴으로써 생물공학, 약학, 첨단 물질, 컴퓨터 소프트웨어, 통신, 인터넷 등을 포함한 80가지 범주에서 연구 성과물에 대한 세계 시장을 창조한다. 제니시스가 개발한 통합 기업 포털 시스템, 즉 EWOKS(Enterprise-Wide Open-Ended Knowledge System)는 아카데미와 기업 양자의 최대 이익을 위해 협력한다. 제니시스는 천재들을 위한 에이전시로서 그리고 그 천재들과 접촉해 새로운 이익을 창출하고자 하는 기업들의 에이전시로서 활동한다.

이것이 '설득^{pitch}' 인데, 기획서를 팔거나 기획서가 스스로 팔리는 부분이다. 한두 개 혹은 세 개의 짧은 문단으로 구성된 '논리적 근거' 는 이 프로젝트가 할 수 있고, 할 것이며 앞으로 나가야만 하는 모든 이유를 논리적으로 설명한다.

1 Page Proposal에서 가장 긴 부분인 이곳에서 전에 했던 상세한 리서치가 효력을 발휘한다. '논리적 근거' 는 목표가 불러일으킨 의문점들을 미리 예상하고 답변함으로써 '목표' 를 지원하는 역할을 한다. 적극적이고 준비된 모습을 보여줄 수 있는 자리이다.

| 재정 |

> **재정 :** 제니시스 에이전트는 기업 성장을 위해 재정을 조달받는 창업 회사다. 모든 파트의 수입은 지분 참여로 파생된 새 지분과 현금 수수료로 이루어진다. 개인 대 비즈니스 간 거래(주요 고용 계약, 특허 및 저작권 참여, 지분 이익 등)와, 지적 재산이 비즈니스 형식으로 꾸며지거나 매매 가능한 증권이 오가는 비즈니스 대 비즈니스 간 거래(연구 개발 계획, 합작 벤처, 신생 기업, 지적 재산 혹은 모기업에서 자회사로 출범시킨 지적 재산권 회사, 기업 공개 직전의 신생 기업 등)가 주수입원이다

재정 부분은 어려운 숫자들과 관계가 있다. 비용과 수입은 물론이고 제안한 사업을 현실로 만드는 데 필요한 다른 종류의 재정 지원도 다룬다. 돈 문제가 상세하게 의논되는 곳은 이곳 한 군데뿐이다. 모든 프로젝트는 어디서 어떻게 발생하든(스폰서, 제3자, 은행, 투자자, 친척 등 아는 사람) 재정 지원 문제가 관련되게 마련이다. 바로 이곳에서 거래의 금전적 행위의 양을 정하고 질을 정한다. 기획서의 재정적 구조를 세우는 곳이다. 읽는 사람이 투자를 할 필요가 없는 경우에도, 기획서의 재정적인 구조를 이해하고 있을 필요가 있다. 읽는 사람에게 비재정적인 지원을 부탁할 수도 있지만, 자신이 직접 후원하거나 후원이 가능한 사람에게 연결시킬 경우 돈의 흐름을 알고 있어야 한다.

| 현재 상태 |

> **현재 상태 :** 회사는 현재 형성 단계에 있다. 경영팀이 모두 힘을 모아 조직을 전 세계로 확장하고 있다. 회사는 현재 제니시스 에이전트의 발전을 보증할 금융 파트너를 찾고 있다. 3년 동안 700만 달러에 달하는 투자가 필요할 것이다. 창업자가 39만 달러를 투자했고 17만 달러의 지분을 갖고 있으며 조직 관리 비용을 충당하기 위해 22만 달러를 대출했다. 그 외 페케비치 투자은행(Petkevich & Partners)이 5만 달러를 지분 투자했다.

이번 단계는 "현재 상황은 어떠한가?" "지금까지 어떤 상황이었는가?" "거래의 어떤 요소들이 이미 자리를 잡았는가?" "누구와 손을 잡았는가?" "이미 계약된 거래가 있는가?"와 같은 질문에 답할 단계이다. 기획서가 작성된 날까지의 현재 상황을 정확하게 읽는 사람 앞에 그려 주어야 한다. 업데이트는 무척 중요한 일이다. 프로젝트가 진전됨에 따라 이 부분은 계속 바꿔 주어야 한다.

| 실행 |

> **실행**: 잠재적 투자자 X는 투자 가능 여부를 타진하기 위해 제니시스 에이전트로부터 전체적인 내용에 대해 프레젠테이션을 받을 것인지 결정한다.

실행은 기본적으로 읽는 사람의 마음속에 떠오르는 질문, "내가 어떻게 하면 됩니까?"에 대한 대답이다. 1 Page Proposal에 기술한 모든 것은 이 한 문장을 쓰기 위한 준비였던 것이다. 당신이 원하는 것이 무엇이든(추천, 투자, 대출, 직접적인 행위) 상세히 밝혀야 한다.

| 날짜와 서명 |

> *Patrick G. Riley, 15 April 2002*

서류의 맨 밑에는 날짜와 서명을 기입한다. 이 항목을 1 Page Proposal의 구성 요소에 공식적으로 포함시키지는 않았지만, 매우 중요한 것이라고 본다. 이것도 형식을 갖춘 비즈니스 서류이므로 정식으로 마무리해야 한다.

위에서 대략 살펴본 기획서의 순서는 내적 논리를 갖고 있으므로 그 사실을 인식하고 소홀히 넘기지 말아야 한다. 오래 전 카쇼기가 알려 주었던 1 Page Proposal의 기본 교리를 따르고 있으며, 수년간의 경험에 의해 발전시킨 약간의 경륜과 개선점이 가미된 것이다. 각 항목은 계단처럼 그 자리를 굳건히 지키면서 읽는 사람을 A점(지식도 관심도 없는)에서 B점(완전한 지식과 흥미를 갖춘)으로 한 걸음씩 안내하는 역할을 한다. 그것도 단시간 내에. 그 순서는 힘이다. 그것은 설득력을 지닌 강한 힘으로 허물 수도 재정비할 수도 없는 것이다.

>>>**THE ONE PAGE PROPOSAL_5**

지식을 1 Page 형식으로 바꾸기

05

>>>1단계 : 리서치 자료와 생각을 정리해 분류하기

이제 1 Page Proposal의 각 부분에 대한 기초적인 이해와 그런 구조를 갖게 된 이유를 알았다면 마음속으로 기획서의 모양을 짜 볼 수 있을 것이다. 먼저 좋은 로드맵이 떠오르면 급히 시작하는 것이 인간의 본성이지만, 잠시 멈춰라. 가장 좋은 첫 단계는 구식 수작업이다.

- 메모해 둔 것과 리서치 자료 모두를 한데 모은다. 손으로 쓴 것들과 복사해 둔 것, 낙서한 것까지. 그런 다음 여덟 개의 파일에 '제목', '부제', '목표', '2차 목표', '논리적 근거', '재정', '현재 상태', '실행'이라는 제목을 표지에 쓰고 해당 파일에 자료들을 넣는다.
- 각 부분의 정의와 목표에 대한 새로운 지식을 염두에 두고 작업하라. 어떤 것도 제외하지 말라. 이 시점에서는 쓸모 없는 게 아무것도 없다.
- 컴퓨터 앞에서 작업하는 시간이 많다면 똑같은 방법으로 분류한다. 여덟

개의 폴더를 만들고 스캔 자료, 다운로드 자료, 일반 자료, 워드 파일 등을 적절한 폴더에 입력시킨다.

예를 들어 '논리적 근거' 폴더에는 해당 회사의 CEO에 대한 신문 기사나 전 CEO의 해고에 대한 기사, 인터넷 기사, 최근 완수된 프로젝트에 대한 언론 보도, 최근 그 회사의 매출과 소득, CEO가 밝힌 앞으로의 중점 사업, 그 회사에 관련된 사회적 의견들이 포함되어야 할 것이다. 그에 덧붙여 자신의 최근 경력과 가장 최근의 프로젝트 몇 개, 자신의 회사 인터넷 사이트에서 발췌한 자료, 목표로 하는 프로젝트를 설명하는 글 정도가 포함될 수 있다.

>>>2단계 : 축소

초기 단계이지만 분명히 중요한 사항이 아닌 자료들을 발견하게 된다. 한 번에 한 부분에만 집중하고 내용물을 충분히 파악한 다음 적당한 선에서 자른다. 그런 다음, 다음 단계로 넘어간다. 파일에 담긴 자료들을 대충 훑어보고 지나가는 것은 혼동만 가중시키고 각 부분을 완전히 그리고 신속하게 이해하는 데 장애가 된다.

세번째 파일(목표)부터 일곱번째 파일(현재 상태)까지는 자료들로 꽤 두꺼워질 것이다. 지금 당장은 그 부분의 자료 양이나 길이에 신경 쓰지 말라. 해당 파일에 집어넣는 것으로 충분하다.

제목이나 부제, 실행 같은 파일에는 자료가 전혀 없을 수도 있다. 이 부분들은 리서치한 자료가 들어가는 곳이라기보다는 종이를 끼워 둠으로써 갑자기 생각난 제목, 부제, 실행에 대한 단어들을 예비 단계인 현 상황에서 적을 수 있도록 함이다. 이렇게 떠오른 생각들이 모여서 적절한 파일을 만든다.

>>>3단계 : 우선 순위 정하기

각 파일 안에서 자료들을 가장 중요한 것 혹은 가장 관련이 많은 것부터 가장 적은 것 순으로 정리한다. 이런 식으로 정리하고 나면 덜 중요한 자료들을 떨쳐 내기가 쉬워진다. 그러나 필요한 귀중한 정보가 조금이라도 나타나면 중요도가 높은 자료 쪽으로 옮겨 놓아야 한다. 곧 명확해지겠지만, 지금 하는 일은 일련의 사고를 창조하는 것으로써 쓰기를 하는 동안 논리적인 순서를 갖추게 된다. 다시 말하지만 지금 갖고 있는 자료의 양에 대해 걱정하지 말라. 나중에 잘라 낼 것이다.

이런 식으로 분류를 하려면 현재 갖고 있는 자료의 중요 정도를 판단해야 하고 지식의 폭도 어느 정도 넓어야 한다. 내 경험상, '논리적 근거' 파일을 분류하는 것은 항상 어려운 일이었다. 자료도 가장 많아서 유용한 순서로 정리하는 데 숙련된 기술이 필요하다.

이 과정을 끝내고 나면 모든 자료가 일목요연하게 정리될 것이다. 그러면 당신은 지금까지 모아 둔 정보에 매우 마음 든든할 것이다.

>>>4단계 : 쓰기의 시작

이제 중대한 변환의 시간이 왔다. 일련의 순서로 쌓여 있는 자료들을 따로 분리된 독립적 문장으로 구성된 초기 자료로 변화시켜야 한다. '제목'과 '부제' 파일은 특별한 경우이므로 일단 건너뛰고, '목표' 파일부터 시작한다. 백지 한 쪽을 꺼내 파일에 들어 있는 주요 정보 하나하나를 한 문단으로 쓴다.

주의할 점 : 아직 1 Page Proposal을 쓰는 것이 아니다. 단지 조직적인 절차일 뿐이고 종이 위에 문장을 처음 써 보는 순서일 뿐이다. 여기서 문체는 중요하지 않다. 파일에 들어 있는 정보를 요약하는 기본적인 문장으로 쓰면 된다. 빈 곳이나 넘치는 부분이 있더라도 신경 쓰지 말라. 이 과정은 원래 불완전한 과정이다. 보기에는 거친 것 같아도 각 파일을 정리하고 나면 일련의 문장들이 서로 일관성을 갖게 된다. 물론 자료의 우선 순위를 정확하게 정해 어느 정도 논리적인 흐름을 가졌을 때의 이야기이다.

이즈음 자신이 써 놓은 것을 한 걸음 뒤로 물러나 살펴볼 필요가 있다. 다음 단계인 '검토'를 위해 시야를 넓혀야 하기 때문이다.

- 문장들 중 적어도 한 문장에 모든 주요 리서치가 나타나 있는가?
- 문장들이 각 부분에서 논리적 사고 과정을 따르고 있는가?
- 파일마다 리서치에서 파생된 결론과 이해를 정확하게 반영하는가?

위에 말한 부분들이 충족되었다고 생각되면 파일별로 이 문장들을 문단으로 만들어 보자. 다시 말해 보통의 논리적인 문단처럼, 불연속적인 문장들을 연결된 하나의 문단으로 바꾸어 보자는 것이다. 논리적 근거, 재정, 현재 상태 파일은 모두 그런 과정을 거친다. 제목, 부제, 목표, 2차 목표 파일은 문단 형태가 적용되지 않는다.

이제 당신이 손에 쥔 것은 리서치의 결과와 재정적 지식, 목표, 의도 등을 다소나마 요약해 놓은 자료이다. 이것은 1 Page Proposal이 아니다. 초안조차 될 수 없는 자료이지만 그것을 쓰기 위한 출발점은 된다. 방금 만들어 낸 자료는 길이로는 서너 쪽이 될 수도 있지만, 괜찮다. 앞으로의 일은 한 쪽이라는 목표에 도달할 때까지 그 자료를 압축하고 언어를 다듬는 것이다. 여행의 가장 가파른 언덕을 방금 올라왔다. 여기까지 온 것만 해도 굉장한 성과이다.

>>>5단계 : 휴식

쓸 만한 자료를 1 Page Proposal로 완성했을 때마다 나는 작업을 멈추고 한 번 더 메모한 것들을 읽어 본다. 그런 다음 내 자신에게 물어본다.

- 내가 성취하려는 게 무엇인가?

- 말하고자 하는 모든 것을 잘 포착했는가?

- 명확한가?

- 빠진 것은 없는가?

- 논리에 허점은 없는가?

- 설득력 없는 주장은 없는가?

- 계산이 틀린 곳은 없는가?

- 가장 중요한 것으로, 기획서의 원리가 설득적인가?

돌이켜 생각하는 이 짧은 순간이 생각을 재정립해 주거나 새로운 방향을 알려 주는 경우가 종종 있다. 몇 년 전, 나는 아내와 함께 코네티컷의

리치필드 카운티 한가운데에 있는 125년 된 멋진 제재소 하나를 사기로 마음먹은 적이 있었다. 그 제재소는 경관이 수려한 동애스페턱 강East Aspetuck River에 위치해 있었지만, 15년 동안 버려져 있어서 완전히 허물어진 곳이었다. 그곳 주민들은 제재소가 언제 강으로 추락할지에 대한 내기를 할 정도였다! 그러나 건물은 매우 아름다워서 사람들이 사진을 찍으러 자주 왔다.

우리의 구매에는 두 가지 문제가 있었다. 하나는 경제적인 것이었고 또 하나는 정치적인 것이었다. 제재소를 개조하려면 수백만 달러가 들었다. 그리고 그 부지는 제재소로 한정된 곳이었기 때문에 워싱턴 군기지는 그곳이 상업적 용도로 사용되는 것을 원치 않았다. 식당이나 사무실로 변경하고자 하는 신청이 이미 있었으나 시에서 거절했다.

아내와 나는 그 제재소를 1가구 주택으로 짓고 싶어서 알아보았으나 여러 가지 장애가 있었다. 그 지역 사람들의 엄청난 지지 없이는 일이 성사되지 않을 터였는데, 우리는 타지 사람들이었다. 게다가 오래된 제재소를 개조하려면 매 단계마다 훼방꾼들의 감시가 심할 것이었다. 그 지역 사회의 협조를 얻어내기 위해 나는 시 담당자와 은행가, 건설팀, 그 외에도 우리의 비전을 현실화하는 데 필요한 사람들에게 보낼 기획서를 쓰기 시작했다(기획서 전체를 보려면 부록을 보라). 초안을 끝내고 기획서를 쓸 준비를 할 때까지만 해도 나는 기본 사항들을 완벽하게 정리했다고 생각했다. 그런데 잠깐 글쓰기를 멈추고 다시 살펴보니, 건설 계획에 대해서는 숫자 하나까지 상세한 준비를 했지만, 우리가 진실로 제재소를 원하고 아끼는 마음과 그 지역 사람들과 함께 해온 제재소의 역사에 대해서는 전혀 고려하지 않았다는 게 드러났다. ‘우리’와 ‘그들’ 사이의 거리를 줄이는 데 꼭 필요한 단계가 바로 이것이라는 느낌이 들었다.

그래서 나는 제재소의 역사에 대해 다시 조사했다. 누가 지었고, 어떻게 쓰였으며, 그곳에서 제재된 목재들은 어느 곳에서 가져온 것인지, 그리고 심지어는 아직까지 남아 있는 축사 중 그곳에서 다듬어진 목재로 지은 축사가 어떤 것인지까지 조사했다. 첫번째 원고를 쓰면서 1 Page Proposal에 이 정보들이 꼭 들어가야 한다는 확신을 갖게 되었다. 작업이 끝나자 여러 사람들에게 기획서를 전달했고, 그들은 결국 자신들의 역사적 건물의 새로운 주인으로 우리를 인정하게 되었다. 리버댄스 밀^{River-dance Mill} 프로젝트는 성공적으로 수행되었고, 오늘날 그것은 뉴잉글랜드에서 가장 아름다운 옛 제재소 중 하나가 되었다.

따라서 글을 쓰기 위해 자료를 준비하는 조직 단계와 글 쓰기 단계 사이에 짧은 막간을 두는 것은 기획서의 틀을 잡는 데 필요하다. 종이에 글을 쓰기 이전, 당신은 앞으로 취할 접근 방식에 자신감과 편안함을 가져야 한다.

>>>THE ONE PAGE PROPOSAL_6

06

1 Page Proposal 쓰기

>>>제목 : 스토리의 헤드라인

앞에서 보았듯이 완성된 자료에는 항상 제목이 있고, 위치는 맨 위이다. 제목은 글의 성격을 알려 주는 헤드라인이다. 그리고 그것은 신문의 헤드라인과 역할이 같다. 독자에게 앞으로 전개될 이야기가 무엇인지 한눈에 알 수 있도록 하는 것이다. 제목은 완전한 문장이 될 필요는 없다. 사실, 그런 제목은 거의 없다. 나는 제목을 한 줄로 고집한다. 두 줄은 간결성을 떨어뜨리고 자리도 많이 차지한다. 제목의 글자 포인트는 글자의 수에 따라 10에서 12포인트가 적당하다. 그러나 기획서의 본문 포인트와는 언제나 차별되어야 한다. 12포인트에 고딕체, 진한 글씨로 하면 간단하다.

가장 좋은 제목은 기획서의 주제를 간단하게 나타내는 것이다. 읽는 사람에게 당신의 기획서가 무엇에 관한 것인지 즉시 알려야 할 필요가 있으므로 간결하면서도 정확한 내용을 제공해야 한다. 다음과 같은 제목은 그에 충실한 예이다.

- 뉴욕 유리박물관 건립 계획
- 비상 홍수 사태의 수습 계획
- 새로운 보상 계약
- 아메리칸리그의 재편성

너무 간단하다고? 꼭 그렇지는 않다. 이해하고 기억하기 쉬운 뼈대를 잡는 것이 여기서 할 일이다. 제목은 설명하는 기능이 아니라 제안하려는 주제를 알려 주는 상표 기능을 한다. 얕은 수를 쓰거나 추상적인 제목은 읽는 사람을 매혹시키지 못하고 떨어져 나가게 할 위험이 있다.

과거에 나도 얕은 수를 쓰려 한 적이 있었다. 듀크 솔라에 제출할 1 Page Proposal을 쓸 때였는데, 처음 제목으로 정한 것이 「솔라 파워 마케팅티이이어링」이었다. 마케팅티이이어링^{Marketeering}의 'eer' 이 'Efficient Energy Renewables^{재생 에너지}' 의 앞 글자와 같아 대체 에너지 사업의 느낌을 잘 전달한다고 생각했었다. 꽤 재치 있는 제목처럼 보였고 내가 기획서에서 이루고자 하는 미묘한 포인트를 반영하는 것 같았다. 그러나 활자체로 쳐놓고 보니 공익 회사에 제출하는 서류답지 않게 가벼워 보였다. 공익 회사는 다소 보수적인 기술자들이 이끌어 가는 곳이다. 결국 나는 간단하면서도 직접적이고 보수적인 방법을 택하기로 했다. 제목을 「듀크 솔라의 전략적 시장 개발 프로젝트」라고 정한 것이다. 그 제목은 효과를 발휘했다. 듀크 솔라 사장이 기획서의 내용을 계속 읽어 나갔던 것이다 (이 기획서 전체를 보려면 부록을 참조하라).

>>> 부제 : 제목을 보강하라

부제를 쓰는 목적은 기획서의 주제를 더욱 명확히 밝히고, 읽는 사람의 호기심을 자아낼 수 있는 공간과 풍미를 주는 것이다. 그래서 끝까지 읽을 수 있도록 유발하는 것이다. 부제도 제목과 마찬가지로 완전한 문장일 필요는 없다. 부제는 제목 바로 아래에 위치하고, 제목보다 약간 작은 글씨로 두 줄을 넘지 않게 한다.

부제는 단어 선택이 중요하다. 묘사적인 단어와 구를 써서 좀더 표현력 있게 만들어라.

| 뉴욕 유리박물관 건립 계획 |

값비싼 데일 치훌리Dale Chihouly 컬렉션을 전시할 유리와 강철로 된 멋진 공간

| 비상 홍수 사태의 수습 계획 |

대피를 위한 절차와 훈련의 중대 개선책

| 새로운 보상 계약 |

구 모델의 현대화로 공정한 지불 스케줄 창조

| 아메리칸리그의 재편성 |

새로운 지역적 경쟁 상대를 창조하고 조직적인 원정 스케줄을 만들기 위한 전략

부제는 2차적 수준의 정보를 첨가하여 기획서의 주제를 명확히 해주지

만, 흥미를 유발시키기 위한 요소를 사용하는 특징이 있다. 부제는 휙 읽고 지나가는 부분이 아니다. 읽는 사람의 마음속에 적절한 단어가 새겨지도록 공들여 다듬어야 한다(예를 들면, '멋진' '값비싼' '구식' '중대한' '새로운' '조직적인').

몇 년 전, 나는 아내와 함께 소니에 1 Page Proposal을 제출한 적이 있다. 소니의 새로운 고화질 TV High Definition Television : HDTV 기술을 사용해 저예산 영화 여섯 편을 제작하기 위해서였다. 소니는 미국 HDTV 시장에 발판을 마련하고 싶어했고, 아내는 피처 필름(텔레비전용 극장 영화) 제작에 관심이 있었다. 우리의 1 Page Proposal은 도쿄에 있는 소니 이사회, 특히 회장인 아키오 모리타의 관심을 얻을 목적으로 작성되었다.

제목은 간단했다. 「HDTV 피처 필름」. 처음 부제로 정한 것은 "새로운 기술을 위한 새로운 필름"이었다. 그런데 다시 생각해 보니 상대방을 끌어들일 수 있는 호소력이 부족한 것 같았다. '소니'와 '미국 소비자를 끌어들임'이라는 단어들을 첨가하고 보니 매우 달라진 것을 알 수 있었다. 새롭게 정한 부제는 다음과 같다. "미국 소비자들을 소니의 새로운 HDTV 기술에 끌어들일 수 있는 새로운 필름."

>>> 목표 : 원하는 바를 진술하라

부제 아래에 '목표'라고 고딕체로 쓰고 콜론을 붙인다. 맨 끝은 항상 '~하기 위한 것'으로 끝난다.

- **목표** : 맨해튼 중심가에 유리로 된 건물을 세우고 미국을 대표하는 유리 아티스트들(주로 데일 치훌리)의 작품을 전시하기 위한 것.

- **목표** : 미시시피 저지대의 생명과 재산을 지키기 위한, 연구진의 새로운 홍수 대책을 실행시키기 위한 것.

'목표' 는 기획서의 의도를 밝히는 부분이다. 즉, 당신이 이루고자 하는 것을 말한다. 스티븐 코비는 이를 두고 "끝을 가지고 시작하기"라고 했다. 결국 어디서 끝낼지 모른다면 어디서 시작하는지도 모른다는 뜻이다. 목적지가 불분명하면 읽는 사람을 여행에 동참시킬 수 없다.

나는 '목표' 를 하나의 중심이 되는 목적지에 당도시키려고 노력한다. 예를 들어, HDTV 기획서에서는 다음과 같이 썼다. "수익성 있는 미국산 고화질 피처 필름을 제작함으로써 미국 내 일본제 고화질 상품 시장을 구축하기 위한 것." 요점은 이것이다. 하나의 중심적 목적지.

리서치를 끝냈다면 읽을 사람에 대한 정보를 이미 갖고 있을 것이다. 그가 원하는 것과 필요로 하는 것을 알고 있다면 그것을 활용하라. 내가 모리타에게 했던 것처럼 그로 하여금 기획서의 주인이 되게 자극하고 당신이 원하는 것과 똑같은 것을 원하도록 만들어라. 가장 좋은 '목표' 는 당신과 상대방의 욕구를 모두 충족시키는 개요를 그리는 것이다. 소니와 우리는 미국에 소니의 HDTV 시스템 시장을 구축하고자 했다. 그들은 상품을 파는 것이 목적이었고, 우리는 피처 필름의 새 물결 속에서 첫번째 제작자가 되려는 것이 목적이었다.

제목, 부제, 목표 모두 합쳐 봐야 읽는 데에는 20초도 걸리지 않는다. 그러나 바로 그 순간 읽는 사람은 가장 중요하다고 할 수 있는 결정을 내린다. 계속 읽을 것이냐 말 것이냐. 1 Page Proposal의 포맷은 당신이 원하는 바를 맨 앞쪽에 명확하게 밝히게 한다. 읽는 사람이 계속 아랫부분으로 읽어 나간다면 그것은 관심이 있다는 뜻이다.

기획서에는 한 가지 중요한 목적이 있을 것이다. 그것이 바로 방금 '목표' 부분에 밝힌 그것이다. 이제는 부가적인 목표들을 나열한다. 주목적을 보완하는 그것들을 나는 2차 목표라고 부른다.

2차 목표는 첫째 목표와 같은 방식으로 표현되지만, 왼쪽에 가운뎃점을 찍는다든지 다른 표식을 한다. 그런 표식을 하는 것은 읽는 사람의 주의를 집중시키고 각 문장을 강조하는 역할을 한다. 프로젝트에 수십 가지 2차 목표들이 있을 수 있지만 대여섯 개 정도로 줄이는 게 좋다.

가운뎃점으로 시작하는 만큼 짧고 톡톡 튀는 문장으로 써야 한다. 2차 목표는 주목적의 연장선상에 있으므로 동떨어진 사항을 적어서는 안 된다. 유리박물관 기획서를 예로 들면, 2차 목표는 다음과 같다.

- 데일 치훌리 컬렉션을 전시할 영구적 공간 마련
- 미 유리아트연합회American Art Glass Association 의 본부 역할
- 유리 공예 교습을 위한 강의실과 회의실 장소 마련
- 맨해튼박물관 관광의 증가

부적절한 2차 목표는 다음과 같다.

- 유리 제품 생산을 전문으로 하는 지역 노동조합 189에 공사 기회 제공

물론 잠재적으로 가치 있는 목표이긴 하지만, 다른 2차 목표들과 동떨어진데다 약간 편협하고 도시 전체가 아닌 한 단체의 이익만을 추구하는 것이라서 곤란하다.

불필요하게 보이는 시점까지 가지 않도록 2차 목표의 수위에 신경 써야 한다. 확실한 것들만 나열하고 그 외의 것은 붙이지 말라. 읽는 사람이 2차 목표들 중 어느 하나라도 억지 해석한 것처럼 느끼게 해서는 안 된다. 2차 목표가 훌륭하게 세워져 있으면 기획서는 매우 선행적이며 존속 가능성이 높다는 느낌을 주게 된다. 읽는 사람은 프로젝트가 실행되었을 경우 이루어질 온갖 훌륭한 일들을 상상하게 될 것이며, 다양한 각도와 다양한 차원의 효과를 생각할 때 당신의 제안을 거절할 수 없을 것이다.

>>> 논리적 근거 : 누가, 무엇을, 어디서, 왜, 어떻게

'논리적 근거'는 당신의 주장이며 '설득'이다. 지식과 리서치를 근거로 당신의 주장을 담은 설득적인 두세 개의 문단을 써 보라. 논술written argument에는 전통적인 단계가 있다. 쓰이는 곳에 따라 다른 이름으로 불리지만, 나는 세 부분으로 나눈 구조를 택했다.

설정Setting the Stage, 매력 포인트 Compelling Points, 설득 The Pitch.

잊지 말아야 할 것은 위의 세 부분은 정확히 지켜야 할 표제가 아니라 전체적인 설득을 조직적인 세 부분으로 나눈 것이라는 사실이다.

150단어 내외로 한 번 써 보자. '논리적 근거'의 첫번째 부분인 '준비 단계'부터 시작해 보자.

| 설정 |

몇 문장으로 다음 사항을 충족시켜 보라.

– 읽는 사람의 관심을 잡는다.

– 당신이 누구이며 어떤 지식을 갖추고 있는지 알게 한다.

– 기획서의 내용을 뒷받침할 수 있는 적절한 근거와 상황을 요약한다.

기본적으로 자신이 호소하고자 하는 바의 기초를 세우고 기획서의 내용이 합당한 이유를 설명해야 한다. 단 몇 문장으로 읽는 사람을 이해시키려면 주장하는 바를 객관적으로 나타낼 수 있는 문장이어야 한다.

명확한 셋업은 성공적인 설득을 위해 무척 중요하다. 따라서 여기서는 단어 선택에 매우 신중해야 한다. 당신이 설정한 목표가 왜 중요하고 필요한지 긍정적인 어조로 쓰고 읽는 사람이 당신의 논리에 고개를 끄덕일 수 있도록 하라.

역사 속에 나타난 최고의 1 Page Proposal 중 하나는 미국의 「독립선언서」이다. 설정이 얼마나 중요한지 보여주는 좋은 예라고 할 수 있다. 토머스 제퍼슨은 두 종류의 읽는 사람을 염두에 두고 「독립선언서」를 썼다. 하나는 영국 왕 조지 3세이고 또 하나는 13개 식민지 국민들이었다. 왕에게는 독립을 제안했고, 미국인들에게는 왕이 제안을 거절할 경우 함께 대항해 싸우자는 제안을 했다.

처음부터 결과는 불확실했다. 반영된 감정이 모두에게 보편적인 것은 절대 아니었다. 제퍼슨은 독립의 논리적 근거를 설명하기 앞서 사전 준비를 하는 것이 매우 중요하다고 생각했다. 여기에 모든 내용을 옮겨 놓지는 못하지만 '설정'이라고 생각되는 문구들을 적어 보겠다.

인류의 역사에 있어서 한 민족이 다른 한 민족과의 정치적 결합을 해체하고, (중략) 인류의 신념에 대한 엄정한 고려는 우리로 하여금 독립을 요청하는 제 원인을 선언하지 않을 수 없게 한다.

모든 사람은 태어나면서부터 평등하고, 조물주는 그들에게 몇 가지 양도할 수 없는 권리를 부여하였으며, 그 권리 중에 생명과 자유와 행복의 추구가 있다는 것은 자명한 진리이다. (중략) 또, 어떠한 형태의 정부이건 이러한 목적을 파괴하게 되었을 때에는 언제든지 그 정부를 변혁 내지 폐지하여 새로운 정부를 조직하는 것이 인민의 권리이다. (중략) 그러나 학대와 강탈이 오랫동안 이어져 (중략) 독재 정부임이 명확해졌을 때는, 그러한 정부와 관계를 끊는 것이 사람들의 권리이며 의무이다.

역사상 가장 영향력 있는 문서들 중 하나가 이것이라는 것은 자명하다. 선언서의 경탄해마지 않는 여러 가지 면 중 하나는, 성공적인 주장을 위해서는 기초 작업을 펼치는 것이 중요하다는 것을 여실히 보여준다는 것이다.

제퍼슨은 자신의 제안에 꼭 필요한 배경을 설정하는 데 있어 점진적인 방법을 씀으로써 다음 계획이 무엇인지 애타게 기다리도록 만들었다.

위와 비슷한 방법으로 글을 썼다면, 이제 무대는 '논리적 근거'의 다음 단계인 '매력 포인트'로 넘어간다.

| 매력 포인트 |

이곳에서는 설득력 있는 현상들을 차곡차곡 쌓아, 주장하는 바의 클라이맥스로 몰아간다. 리서치에서 얻어진 적절한 데이터를 이용해, 기획서를 실행시키면 목표와 2차 목표가 완수될 것이라는 주장을 보강하라. 현상들은 반박할 여지가 없고, 시기 적절한 것들이어야 하며, 현 상황에서 당신의 프로젝트가 최고의 해결책인 이유를 설명할 수 있어야 한다. 어조가 지나치게 감정적이거나 정열적일 필요는 없다. 현상을 설명하는 무게

있는 어조는 읽는 사람의 마음에 좋은 인상을 남길 것이다. 강도가 최고조에 달할 때까지 주장을 쌓아올렸다면, 와인드업은 그것으로 끝이다. 이제 '설득'에 들어간다.

| 설득 |

마침내 확신에 찬 발걸음으로 마운드에 들어선다. 지금까지 잘해 왔다면 설득은 힘들지 않다. 논리적 귀결일 뿐이다. 읽는 사람에게 나의 제안이 수락된다면 어떻게 될지 말해 주면 되는 것이다. 그로 인해 얻는 이득, 즉 목표와 2차 목표가 실현되는 이유와 방법을 설명하라. 「독립선언서」의 설득 부분을 예로 들면, 앞서 말한 문단의 셋업을 완벽하게 따르고 있다.

현 대영 국왕의 역사는 권리 침해와 강탈의 반복된 역사로서, 우리 모두는 이 나라에 독재 정권이 수립되는 것을 거부한다. 이를 증명하기 위해 다음과 같은 사실들을 만천하에 알린다.

"왕은 국민 전체에 꼭 필요한 헌법에 동의하는 것을 거절했다."

그리고 계속해서 스물일곱 가지의 불만을 나열했는데, 모두 다음의 문장을 위한 완벽한 셋업이었다. '그리하여, 우리는 (중략) 연합 식민지들이 자유독립국가가 되어야 함을 엄숙하게 선언한다. (중략)'

우리 시대에도 같은 규칙이 적용된다. '논리적 근거'의 마지막 부분인 이곳에서는 최대한의 증거와 논리를 가지고 주장을 뒷받침하면서, 당신의 제안이 승인된다면 어떤 일이 일어나는지, 왜 그런 결과가 일어나리라 확신하는지, 왜 그가 그것에 찬성해야 하는지 설명하라.

이 책을 쓸 즈음, 나는 큰 새 자선 재단에 제출할 기획서를 쓰던 중이었다. 재단을 운영하는 사람은 큰 컴퓨터 회사를 세운 사람으로 교육, 과학, 자연보호를 통해 우리 삶의 질을 개선시키고자 재단을 설립한 것이었다. 나는 벌써 일 년 동안 이 훌륭한 재단의 리서치를 해오고 있었다. 아직 기반이 제대로 서지 않은 재단이었기 때문에 재단측의 적절한 시기와 내게 알맞은 시기가 서로 일치하지 않았고, 어설픈 상태로 밀어붙이다가는 효과를 보지 못할 수도 있었기 때문이었다. 다른 말로 하면, 나는 준비가 되었는데 상대방이 그것을 받아들일 준비가 되지 않았다는 것이다. 결국 나는 양쪽 모두에게 알맞은 시기에 그들이 거절할 수 없는 1 Page Proposal을 만들기로 했다.

만들고 있는 기획서에서 중요한 시기는 무엇인가? 결정에 영향을 미치는 데드라인, 매우 중요한 약속 내지 계절적 요인이 있는가? 플랜에 결정적인 이벤트나 회의, 시사회, 총회가 있는가? 아무 시간이나 괜찮은 프로젝트는 거의 없다. '논리적 근거' 에서 긴급한 시간을 다루도록 한다.

다음과 같은 것을 알릴 기회 역시 이 부분이다.

- 프로젝트의 과거 경험으로 볼 때 중요한 사건들의 날짜
- 읽는 사람의 도움이 필요한 데드라인

시간에 관련된 사항들은 그 자체로 문단을 이루지는 않지만, '논리적 근거' 의 적절한 부분에 포함되어야 한다.

모든 기획서는 돈의 지출, 돈의 절약 내지는 돈 벌기 중 하나와 관련되어 있고 때로는 세 가지 모두와 관련되어 있기도 하다. '재정' 부분에서는 당신이 기획서의 재정적인 면을 완전히 파악하고 있으며, 당신 자신의 돈과 다른 사람의 돈에 대해 책임감 있고 성실한 태도로 임하고 있음을 알릴 기회로 삼는다. 이를 완수할 가장 좋은 방법은 상대방의 마음을 잘 읽는 것이다.

투자란 기회가 될 수도 있지만 위험도 따른다. 내가 장담컨대, 읽는 사람은 위험에 집중할 것이다. 경험이 많은 사람이라면 실패로 돌아가는 프로젝트의 주된 이유가 재정적인 부분이라는 사실을 알고 있다. 비용 초과, 뜻하지 않은 비용, 재정 지원의 몰락, 보험에 들지 않아서 생기는 손실, 가격 인상, 재정면에서 통찰력과 경영 능력의 빈약 등이 그것이다. 이 원인들 중 하나라도 기획서에 영향을 미칠 사항이 있는가? 함정들을 충분히 알고 있고 참작한다는 사실을 최선을 다해 보여줄 부분이 바로 이곳이다.

준비중인 기획서에 재정적인 부분이 전혀 없을 수도 있다. 사무 절차의 변경을 제안하거나 이웃의 크리스마스 파티 계획 혹은 공장의 주차장 계획을 제안하는 경우가 그렇다. 재정적인 내용이 없는 경우라면, 이 계획에 왜 아무 비용이 들지 않는지 아니면 보이지 않는 비용이 있는 것인지 설명한다.

제조 과정을 개선하는 방안을 제안하는데, 비용은 들지 않지만 수천 달러를 절약할 수 있는 것이라면? 그렇다면 이 부분에서 전반적이고 포괄적인 숫자로 얼마만큼의 비용이 절약되는지 밝힌다. 뒤에 재정 보고서를 보충해야 하겠지만, 그 전까지는 상세한 내용을 제외한 모든 것을 포함하고 있어야 한다.

재정적인 세부 사항을 단순히 정보 차원에서 제공하는 것이든, 아니면 직접적인 재정 지원을 부탁하기 위해서든, 이 부분을 짧고 정확하고 이해하기 쉽게 쓰는 것이 최고이다. 연감이 아니기 때문이다. 그림을 크게 그리고 중요한 숫자들만 명확히 밝힌다. 문단 형식으로 쓸 필요도 없다. 항목별로 리스트를 만드는 것으로 충분하다.

이 부분의 중요성을 밝히고 스스로 작성하는 법을 알리기 위해 극히 개인적인 예를 들어보겠다. 내 아내인 로버타는 여러 종류의 텔레비전 및 영화 프로덕션에서 일한 경험이 있는 필름 제작자이다. 처음에는 TV 시리즈인 〈샌프란시스코 거리Streets of San Francisco〉의 로케이션 매니저로 출발했다가, 나중에는 고예산 스튜디오 필름의 로케이션 매니저로 독립했다. 아내는 샌프란시스코 스튜디오를 개발해 이 지역에서 가장 큰 첫번째 필름 스튜디오로 만들었는데, 그곳에서 영화 〈스타트렉 4Star Trek 4〉와 〈이너스페이스Innerspace〉, 〈미드나잇 콜러Midnight Caller〉 같은 TV 시리즈가 촬영되었다.

1989년, 아내는 제작자가 되기로 결심했다. 그것은 하나의 글을 다듬어 스토리를 전개시키고, 작가를 고용하고, 제작팀을 한데 모으고, 제작비를 구하고 배급까지 맡는 직업이었다. 일을 하는 도중, 아내는 영화 산업의 관계자들에게 복잡한 피처 필름 재정에 대한 자신의 지식을 보여주고, 영화의 성공에 있어서 꼭 필요한 귀중한 관계를 이끌어 내야겠다는 생각을 하게 되었다. 그래서 아내는 「유혹의 밤Are You Lonesome Tonight」이라는 제목의 1 Page Proposal을 만들었다(기획서 전체를 보려면 부록을 참조하라).

이 업계에서는 아무리 저예산 영화라 할지라도 제작비가 수백만 달러

재정 : 제작 비용은 2,800,000달러이고, 7년 동안 5,929,000달러의 수입이 발생할 것으로 예상됨. 이에 따른 예상 수익은 3,341,000달러이다. 항목별로 보면 다음과 같다.

(단위 : 달러)

예상 제작 비용 : 직접비 999,000 간접비 1,496,000 기타 306,000

예상 배급 수입 :

국내 극장	4,928,000
국외 극장	1,228,000
비디오	1,620,000
TV	1,120,000
네트워크 및 국외 TV	373,000
기타 비용	(3,341,000)
총계	5,929,000

　퍼시픽 아메리칸사와 반다이사의 합작 투자로 설립된 반다이 엔터테인먼트 그룹이 지정 제작사이다. 이들은 필름 제작의 두 가지 방법을 놓고 고려중이다. (1) 제작비를 직접 조달하고 콜럼비아를 통해 배급하는 방법. 이렇게 하면 기준 이상의 배급 수입은 콜럼비아 쪽에 들어간다. (2) 콜럼비아 수준의 배급사와 '네거티브 픽업'을 계약해 네거티브 코스트의 약 175%를 일시불로 받는 방법(〈유혹의 밤〉의 경우 4,900,000달러).

부터 시작한다. 경험이 부족한 제작자들은 영화의 내용만 열심히 설명하고 나머지 세부적인 사항들은 다른 이들에게 맡겨 버린다. 그런 상황에서 로버타의 폭넓은 지식을 바탕으로 한 접근 방식은 새로웠다. 아내는 목표를 기술하고 그 목표를 이루기 위한 것들을 설명했다. 즉, 노련하며 믿을 만한 제작팀, 주요 비용, 자신의 스튜디오에서 촬영하고 편집하는 데 따르는 이득, 제작진의 이름, 날짜, 세부 사항들을 적은 것이다.

　로버타의 기획서에서 재정 부분을 주의 깊게 보라. 비용과 예상 수입, 그리고 영화 배급자에게 가장 중요한 예상 이익이 명확하게 처음부터 기술되어 있어 재정의 신뢰성을 높여 준다. 제작비를 기술할 때 로버타는 따로 떨어진 한 문장으로 직접비^{above the line}와 간접비^{below the line}를 정해(일반 직업 세계와는 구별되는 할리우드식 표현이다) 제작의 복잡함을 다루는 기술을 보여주었다. 아내는 주요 타깃(〈위험한 정사〉, 〈피고인〉, 〈클루트〉, 〈어둠 속에 벨이 울릴 때〉와 같은 맥락의 심리 스릴러를 좋아하는 관객들)과 모든 종류의 배급을 통한 예상 수입을 연결시켰다. 그런 다음 영리하게도 첫 문장에 나왔던 제작 비용을 재차 확인하기 위해 네거티브 코스트^{영화 총 제작비 중 판촉, 광고 비용 등을 제외한 순수 제작비}를 다시 언급한다. 로버타는 또한 실질적으로 성공의 확률을 높여 줄 수 있는 반다이 엔터테인먼트 그룹과 콜럼비아 픽처스 사이의 매우 의미 있는 관계를 밝혔다.

제인 시모^{Jane Seymour}가 주연한 〈유혹의 밤〉은 1991년에 성공적으로 출시되었고, 유럽 전역에 배급되었다. 오늘날까지도 로버타는 로열티를 받고 있다. 주의할 점은 다음과 같다. 재정 문제에 관한 한 '부풀리기'의 유혹을 참아야 한다. 있는 그대로 써라. 자기 자신을 솔직하게, 자신 있게 표현하라. 이런 특징들은 종종 불황이나 심각한 재정 상태에도 불구하고 거래를 이루어 내는 중요한 역할을 한다.

>>> 현재 상태 : 사업이 위치한 현 상태

이 부분에서는 제안 사업의 어떤 요소들이 자리를 잡았고 어떤 요소들이 답보 상태인지 설명한다.

- 자금을 얼마 동안 조달했는가? 그 자금의 성격은? 액수는? 조건이 따르는 자금인가?
- 비재정적 성격의 지원이 있는가? 있다면 누구로부터?

- 사업이 진행되는 과정에 걸림돌이 있는가? 사람인가, 회사인가, 아니면 정부 기관인가?
- 서명이 끝난 계약이나 권리 승인 내지 언질이 있는가?
- 주요 계약 사항 중에 형식적인 절차나 변호사의 검토가 필요한 것이 있는가?

‘현재 상태’ 부분에서 이 모든 내용을 솔직하게 밝히는 것이 최선이다. 솔직하라, 그리고 부정적인 면이나 논쟁의 대상이 될 부분을 무시하지 말라. 사업이 위치한 현 상태를 정확히 밝혀라. 누군가 당신의 사업 제안을 거절한 적이 있다면 그것도 밝혀라. 읽는 사람은 그 사실을 이미 알고 있을 수도 있다. 그리고 전에 거절당한 적이 있다고 해서 좋은 아이디어를 놓치는 사업가는 많지 않다. 사실, 투자자들은 종종 반전을 노린다. 다른 이들로부터 퇴짜맞은 계획을 성공으로 이끌어 내려 한다는 것이다(그들이 경쟁자일 경우는 더욱 그렇다).

‘현재 상태’ 부분은 사업에 대한 그림을 그릴 뿐 아니라 열정까지 보여주어야 한다. 분위기 조성에 좋은 방법 한 가지는 초기의 성공이나 긍정적인 결과들을 보여주는 것이다. 당신 자신의 열정에 덧붙여 다른 사람들의 가세까지 보여줄 수 있다면 그 이상 좋을 게 없다. 투자에 대한 긍정적인 움직임이 있었다는 사실은 자금을 동원하고 후원자를 모으는 데 매우 중요한 요소이다. ‘현재 상태’는 그 뒤에 올 ‘실행’을 위한 셋업 기능도 한다. 이제 최종적으로 무언가를 부탁할 때가 온 것이다. 따라서 이 부분은 공을 던지기 전 충분히 와인드업 한 상태라고 할 수 있다.

예를 들어 거래가 거의 완성 단계에 이르러 마지막 투자만을 기다리고 있다면 먼저 부탁하기보다는 그 사실만을 밝히는 것이 낫다. 그런데 거래가 이제 막 시작한 것이고 아직까지 후원자가 아무도 없다면 역시 그 사실을 밝히되 읽는 사람으로 하여금 첫번째 투자자가 되는 것임을 독려하는 쪽으로 방향을 잡아라.

>>> 실행 : 아무것도 부탁하는 것이 없다면 그것은 기획서가 아니다

지금까지 당신의 1 Page Proposal은 누가 무엇을 언제 어디서 얼마나 많이 했는지에 대한 정보를 제공했다. '실행' 부분에서는 읽는 사람이 어떻게 해야 당신을 도울 수 있는지 말하라. 지금까지의 내용을 다 읽었다고 해서 그가 어떤 역할을 담당해야 하는지 추론할 수 있으리라 생각하지 말라. '실행'에서 그것을 밝혀 주어야 한다. 그로부터 돈을 대출받고 싶은가? 위원회에 그가 들어오길 바라는가? 그의 후원을 바라는가? 당신이 원하는 바를 모호한 부분 없이 정확히 부탁하라.

이 시점에서 당신은 '부탁' 사항을 정확하게 표현할 수 있어야 한다. 투자자들은 빙 둘러 말하는 것을 싫어한다. 그것은 시간 낭비일 뿐이다.

우리 어머니의 절친한 친구 중에 머프 커진스 슬래터리^{Murph Couzins Slattery}라는 사람이 있다. 디트로이트의 귀부인이며 자선 사업가인 그녀는 디트로이트 아동병원에 특별한 애정을 가지고 있었다. 머프는 그곳에 개인 재산을 많이 기부했지만 친구들에게 기부를 부탁하지는 않았다. 그러나 병원 사정으로 자금이 필요하게 되자 그녀는 친구이자 이웃인 세바스천 스퍼링 크레쥬^{Sebastion Spering Kresge : K마트의 설립자}에게 상황을 설명하고 싶었다. 머프가 크레쥬의 집에 당도했을 때, 그는 디트로이트 타이거즈 야구 시합에 막 가려던 참이었다. 이미 유니폼 재킷과 모자까지 차려입고 있었다. 15분 뒤에는 꼭 떠나야 할 상황이었다. 그는 머프의 간청을 듣고 병원을 위해 자신이 어떻게 도우면 되겠냐고 물었다. 머프는 대답할 준비가 되어 있었다. 그녀는 병원에 대강당을 지을 만한 충분한 돈을 기부해 달라고 부탁했다. 전 세계의 의사들이 모여 소아학의 돌파구를 의논할 수 있는 장소로 쓰일 것이라고 말했다. "얼마 필요합니까?" 그가 물었다. 그녀는 "천만 달러예요"라고 말했다. 그는 그 자리에서 승낙했고 야구 시합을 보러 떠났다. 이 이야기에서 알 수 있듯, 주요 인사들은 자신의 도움이 얼마나 필요한지 상세하게 알고 싶어한다. 머프가 만약 확실한 금액과 목적의식 없이 그곳에 갔다면 그날 미팅은 덜 생산적이었거나 명분을 잃었을지도 모른다.

또 한 가지 명심할 것은, 당신이 부탁하는 것이 행할 수 있는 것이어야 한다. 읽는 사람이 제공할 수 없는 것을 부탁해서는 안 된다. 리서치를 통해 상대방이 무엇을 해줄 수 있는지 알아내야 할 것이다. 그의 능력 안에 있는 것을 명확하게 부탁하라.

>>>날짜를 쓰고 서명하라

날짜는 중요하다. 왜냐하면 1 Page Proposal에 들어간 정보들이 바로 그 당시에 유효한 것이니까. 서명은 믿음과 확신을 상징한다. 「독립선언서」에 서명한 56명의 사람들은 자신의 이름을 그곳에 적어 넣을 때 많은 용기를 필요로 했다. 식민지가 전쟁에서 패할 경우 그들은 모두 교수형에 처해질 운명이었기 때문이다. 1 Page Proposal은 하나의 거래이다. 당신의 이름과 명성과 인격이 그 안에 숨어 있다.

나는 어떤 경우에는 맨 끝에 저작권 표시를 한다. 1 Page Proposal에 사용한 정보가 민감하거나 기밀 사항일 때 그렇게 하는데 다른 곳에 알려지거나 마구 퍼지는 것을 막기 위해서이다. 저작권 표시를 한다고 해서 기밀이 보장되는 것은 아니지만, 읽는 사람에게 그 정보가 자신에게만 보이기 위한 것이고 다른 이에게 알리려면 저자의 승낙을 받아야 한다는 사실을 환기시키는 기능을 한다. 매우 민감한 사항이라면 '기밀 사항'이라는 말을 페이지의 위나 아래에 덧붙이는 것도 고려해 보아야 할 것이다.

>>> 쓸 준비가 되었는가?

1 Page Proposal의 각본은 다 나온 셈이다. 여러분이 바른 순서로 모든 조각을 짜 맞추는 데 있어 좋은 아이디어를 제공받았기를 바란다. 이제 여러분이 할 일은 쓰는 것이다. 겁먹지 말라! 모든 리서치와 준비 과정이 내가 말했던 단계별 플랜과 조합한다면 간단하고도 즐겁기까지 한 기획서를 쓸 수 있을 것이다. 여러분은 전문 작가도 아니고 무언가를 창조해 내는 천재도 아니다. 그저 알고 있는 사실을 한 쪽짜리 청사진에 맞추어 쓰기만 하면 되는 것이다.

나는 여러분에게 그대로 따라오기만 하면 된다고 했지만, 그렇게 말함으로써 내 기술을 폄하하려는 생각은 없다. 나는 무언가를 제안할 때마다 머리를 쥐어짜지 않아도 된다는 사실에 큰 위안을 느낀다. 윌리엄 F. 버클리만큼 글을 잘 써야 하고, 어떤 아이디어가 떠오를 때마다 새로운 형식의 기획서를 써야 한다면 나는 절대 기획서를 완성할 수 없을 것이다. 나는 그 대신 주제에 관한 세부 사항과 배경을 조사하는 데 시간을 투자했고 실제로 쓰는 시간은 얼마 걸리지 않았다. 왜냐고? 맨 위부터 아래까지 이어지는 각 항목을 차례대로 앉은자리에서 다 쓰기 때문이다. 모든 세부 사항을 조사한 뒤이기 때문에 1 Page Proposal의 초고를 쓰는 데에는 2시간 정도 걸린다.

>>>**THE ONE PAGE PROPOSAL_7**

07

교정, 축소, 압축

"축하합니다!"

초고를 마친 것만으로도 대단하고 축하받을 일이다. 이제 초고를 교정하고 반짝반짝 광을 내야 한다. 문장의 길이와 단어 구성은 아직도 교정해야 할 필요가 있을 것이다. 한 걸음 뒤로 물러나서 상대방의 입장으로 한 번 쭉 읽어라. 설사 틀린 곳을 발견하더라도 멈추지 말고 한 번에 읽어 내려가라. 그런 다음 다시 한 번 읽으면서, 다음과 같은 요소를 염두에 두고 교정을 시작하라.

>>> 길이

기획서가 한 쪽 분량을 넘는다면 할 일은 딱 한 가지, 잘라 내는 것이다. 한 쪽으로 만들어야 한다. 그렇다면 어떤 사항을 먼저 잘라 내야 할까? 몇 가지 제안을 해보겠다.

| 흥미롭지만 불필요한 사실들을 잘라 내라 |

사실과 자료를 충분히 모았지만, 이 모든 것이 상대방을 설득하는 데 필요하지는 않다. 흥미 있거나 독특하거나 놀라운 것이라고 생각해서, 아니면 리서치 도중 굉장한 발견이라고 생각해서 끼워 넣은 정보도 있을 것이다. 기획서의 중심 내용을 이해시키고 설득하는 데 절대적으로 중요한 문장이 아니라면 빨간 펜으로 과감히 지워라.

예를 들어, 당신이 살고 있는 도시에 브로드웨이 연극 공연을 제안한다고 치자. '논리적 근거' 부분에 이렇게 썼을 수 있다. '데이비드 마멧의 작품이며, 데이비드 메릭 제작으로 1985년 맨해튼 42번가에 있는 리전시 극장에서 초연됨.' 공간이 충분하다면 흥미로운 사실이다. 하지만 공간을 절약하기 위해서라면 '데이비드 메릭 제작' 이후의 내용은 모두 지워야 한다. 그 연극이 언제 어디서 처음 상연되었는가 하는 문제는 연극 공연에 자금을 지원해야 하느냐를 결정하는 데 그다지 중요한 사항은 아니다.

| 과다한 정보는 잘라 내라 |

당신이 살고 있는 도시에 새로운 오피스 빌딩을 짓는 제안을 한다고 하자. 제목은 '스미스 센터 복합 오피스 빌딩'이다. 부제는 '스미스빌 시내에 최고층, 최신식 오피스 빌딩 건축'이다. 그 뒤, '논리적 근거' 부분에서는 '스미스 센터는 44층으로, 시내에서 가장 높은 빌딩이며 최첨단 오피스 빌딩으로……'라고 썼다. 그리고 역시 '재정' 부분에서 '스미스빌에서 최고층이며 최신식 빌딩이기 때문에 스미스 카운티의 첨단산업을 끌어들일 것이다. 카운티의 연계와 세금 절감이라는 두 가지 효과를 거둘 수 있다'라고 썼다.

이 경우, 문제점은 '최고층, 최신식'이라는 의미의 단어를 세 번이나 썼다는 것이다. 이는 중요한 측면이긴 하지만 반복할 필요는 없다. 공간을 절약해야 할 상황에서는 더욱 그렇다.

| 뻔한 사항은 잘라 내라 |

앞에서도 주의를 준 바 있지만, 여러분이 기획서를 제출할 상대는 그 사업 분야에 대해 혹은 당신이 말하고자 하는 주제에 대해 충분한 지식을 갖춘 사람일 것이다. 그 사람을 타깃으로 삼은 것도 그래서인지 모른다. 당신의 기획서를 판단하는 데 필요한 지식을 모두 갖춘 사람이라면 부적절한 문장들은 들어내는 것이 좋다. 석유업자인 아먼드 해머Armand Hammer 에게 석유 사업의 잠재적 수익을 설명한다거나, 조지 루카스George Lucas 에게 필름 배급에 대해 설명할 필요는 없다.

기획서에는 독특하고 매우 특별한 사항들만 포함시켜야 한다. 상대방의 눈으로 기획서를 끝까지 읽어라. 그가 '설마? 정말이야?'라고 말할 만한 것이 있는가? 이것을 포함해 고지식하게 보일 만한 것들은 모두 빼는 것이 기본이다.

>>> 문체

내용상 뺄 사항들을 모두 뺐다면 이제는 문체를 다듬기 위한 제거 작업을 시작해야 한다.

언어는 항상 변화한다. 시간의 흐름, 시대 상황, 기술의 변화와 문화 흐름의 빠른 변화 등이 그 이유이다. 표현할 수 있는 단어는 너무나도 다양하고, 그 단어들의 뜻 또한 다양하기 때문에 어떤 단어를 선택해 쓸 것이냐 자체가 하나의 도전이고 기회이다. 재능 있는 작가들에게 언어는 감정의 표현과 미묘함과 멋들어진 글 쓰기를 위한 무한한 도구 상자이다. 1 Page Proposal을 만드는 데 있어 문체는 단순성, 직접성, 명확성을 받쳐 주어야 한다. 1 Page Proposal은 미사여구가 쓰일 공간이 아니다. 제안하고자 하는 바를 설득력 있게 말하고 오해의 여지가 없는 문장으로 무언가를 부탁해야 한다.

문장을 줄일 수 있는 몇 가지 요령을 설명하겠다.

| 같은 단어의 반복을 피하라 |

예를 들어, '강 근처에서 건축물을 짓는 것은 이점이 있다. 첫번째 이점은 강 근처에서 건물을 짓는 것으로 얻어지는 경제성으로 고려된다' (17어휘)를 이렇게 바꿔 쓰면 쉽다. '강 근처의 건물은 건축의 경제성을 제공한다.' (6어휘) '성공적인 건축물은 경관의 아름다움을 높여 주고 자연스럽게 경관과 어울릴 것이다' (10어휘) 대신 '성공적인 건축물은 경관의 아름다움을 높여 주고 자연스레 어울린다' (8어휘)로 쓰는 게 좋을 것이다.

'우리 모두 이 생산품을 필요로 하는 이유가 무엇인가 하면……' (9어휘) 대신 '…… 때문에 우리 모두 이 생산품을 필요로 한다' (7어휘)로 하는 게 어떤가.

'건축물의 한쪽 옆에 부속 건물이 세워질 것이다. 그리고 이 부속 건물은 컴퓨터실로 쓰이게 될 것이다' (15어휘)보다는 '부속 건물이 세워져 컴퓨터실로 쓰일 것이다' (6어휘)가 낫지 않은가.

| 형용사, 부사 및 꾸며 주는 말들을 없애라 |

부사와 강조어들은 대부분 내용을 보충하는 기능도 없이 자리만 차지

한다. 다음과 같은 경우를 예로 들어보자.

- 오래 전부터 쓰여 오던 방법이 ~~압도적으로~~ 대중적이었다는 것은 인정해

  야 할 것이다.

  ('대중적'이라는 단어만 써도 의미 전달은 충분하다.)
- ~~감탄할 만한~~ 붉은 장미 몇천 송이가 핀 정원은 ~~뛰어나게~~ 아름다운 장소

  가 될 것이다.

  ('감탄할 만한'과 '뛰어나게' 모두 불필요한 단어들이다.)

| 지나치게 세부적인 것들은 제거하라 |

시적으로 표현하고 싶은 유혹을 피하라. 소설을 쓰는 것이 아니라 사업 기획서를 쓰는 것이다.

- 몇 년 전에는 항해에 적합했지만 지금은 전체적인 정비를 필요로 하는

  여객선이, ~~폐기되어야 할 물건들이 자주 그렇듯~~ 보관소로 옮겨졌다.

  (쓸모 없는 물건을 처리하는 것에 비유할 필요가 있을까?)
- 20년 전, 오크 가에 살아본 적이 있는가. 오늘날은 그 흔적이 거의 남아

  있지 않지만 그때에는 이발소, 정육점, 잡화점, 약국, 경찰서, 소방서 등

  모든 것이 집 근처 네 블럭 내에 위치해 있었다.

  (향수를 불러일으키는 내용이다. 하지만 이 문장을 몇 마디로 줄일 수 있

  다. 20년 전, 오크 가는 걸어갈 수 있는 거리 내에 모든 생필품 가게와

  관공서들이 위치해 있었다.)

| 동의어의 반복을 피하라 |

언뜻 보면 틀린 곳이 없다. 하지만 살펴보면 문법에 어긋나거나 장황하거나 이미 단어 속에 포함된 뜻의 단어를 반복해 사용하는 경우가 종종 있다. 예를 들면,

- ~~오늘날~~ 현대 산업의 문제점은……
- 위에서 지적했던 요점을 ~~다시~~ 반복하겠습니다.
- 승객들은 계단 ~~위쪽~~으로 올라가……
- 우리 모두는 그런 아이디어를 ~~우리 자신의 마음속에~~ 품고 있습니다.

세심한 단어 선택은 단어 수를 줄이는 데 매우 도움이 된다. 열쇠는 정확함이다. 생각을 정확히 표현할 수 있는 명사, 동사 혹은 형용사를 선택하는 것은 커뮤니케이션을 효과적으로 도와줄 것이다. 한 개의 단어가 여러 개의 단어를 대신하면서도 말하고자 하는 바를 명확히 표현하는 경우도 종종 있다.

가능성은 있다. 당신의 사업을 도와줄 잠재적 투자자는 또 다른 톨스토이가 아니라 빌 게이츠를 찾는 것이다. 그러니 과도함을 피하고 단순함을 유지하라!

>>>단어 선택

분량은 짧아졌지만, 다시 읽어 보면 단어 선택에 개선이 필요하다는 것을 느낄 것이다. 다음의 내용을 잘 읽어 보면서 기획서를 빛나게 만들어라.

| 3인칭을 사용하라 |

1 Page Proposal은 이력서가 아니다. 그것의 성공 여부는 개인적 매력에 달려 있는 것이 아니라 사업 자체의 가치에 달려 있다. 노점 상인처럼 소리치는 것을 자제하고 기획서 전체를 3인칭으로 써야 한다. '당신', '나', '우리'라는 말 대신 '그', '그녀', '회사'라는 말을 사용하라. 그렇게 하면 DM 광고를 읽는 듯한 느낌을 피할 수 있을 것이다. 사업 거래에 있어서 개인적으로 접근하는 일이 많지 않은 외국 투자자와 거래할 때, 이 점은 매우 뛰어난 매력으로 작용할 것이다.

| 긍정적인 단어로 긍정적인 자세를 보일 것 |

설득력 있는 글 쓰기는 명확성과 일관성을 요구하지만, 강한 어조의 단어와 문장을 요구하기도 한다. 약하고 수동적인 단어들 대신 강하고 능동적인 단어들을 사용하기 위해 노력하라. 부정적인 문장 구성과 자세는 기획서를 약하게 만든다. 다음과 같은 문장을 보면 쉽게 알 수 있다. '귀하의 재단에서 아무것도 기부하지 않으면, 우리는 목표한 만큼 자금 조달을 할 수 없습니다.' 읽는 사람(잠재적 투자자)에게 그러한 어조는 패배주의적이고 약간은 공격적으로 들린다. 긍정적으로 써라. '귀하의 재단에서 관대한 기부를 한다면 우리 기증 단체에 대단한 도움이 될 것이며, 자금 조달이 가능해져 가장 중요한 자선 사업에 쓰이게 될 것입니다.' 같은 뜻이지만 긍정적인 어조로 문장을 바꾸면 읽는 사람도 긍정적인 반응을 보일 가능성이 크다.

단어 선택이 잘못된 예는 또 있다. '이러한 장치의 필요성은 명백해 보입니다만, 지금까지는 그 누구도 이 계획을 실행하는 것이 급선무라는 생각을 하지 못했습니다. 귀 회사는 그것을 도울 마지막 두세 회사들 중 한

곳입니다.' 이 문장을 읽는 사람의 기분이 어떻겠는가? 아직까지 당신의 제안을 거절하지 않은 유일한 바보라는 느낌이 들지 않겠는가? 절망적으로 보이지 않고 긍정적인 방법을 쓰더라도 얼마든지 다급함을 표현할 수 있다. '명백한 필요성에도 불구하고 지역 내 자선 기금은 현재 다른 곳에 큰 몫을 담당하고 있는 상황입니다. 귀 회사의 선도적이고 선지적인 능력이 발판이 되어 기부의 새로운 장을 열었으면 합니다.'

| 지나친 선전을 피하라 |

당신이 원하는 것을 실행하도록 읽는 사람을 설득하는 중이라면 '판매' 용어가 아닌 논리와 이점으로 설득하라. 사업 제안이 성공하기를 절실히 바라고 있기 때문에 그것을 열심히 선전해 판매하고 싶을 것이다. 그러나 허무맹랑한 광고를 하고 싶은 유혹에 빠지지는 말라.

근거도 없이 최상급을 사용했는지 기획서를 꼼꼼히 살펴 보라.

- 최고의 세탁기
- 가장 효과적인 자동 레이더 시스템
- 미국 가정에서 가장 사랑받는 조리 기구

이러한 문장을 쓰면 읽는 사람은 쉽게 의심을 하게 된다. 주장을 뒷받침할 근거가 있다면 더할 나위 없이 좋겠지만, 그렇지 않다면 신뢰할 수 있는 문장으로 고쳐 쓰는 것이 좋다.

상대방을 당신의 사업에 끌어들이고 싶다면 과장된 행동을 해서는 안 된다. 사기꾼처럼 보이면 신뢰를 얻을 수 없다.

예로부터 정확히 지켜지던 맞춤법은 최근 20년 동안 많이 허물어졌고, 나는 개인적으로 그 점을 나쁘게 생각하지 않는다. 표현의 범위를 속박하던 구식을 벗어 던지고 신선한 현대식 문체를 사용하면 훨씬 효과적으로 의사를 전달할 수 있다. 그러나 대부분의 경우 1 Page Proposal은 전통적인 비즈니스 서류로서 제출되는 것이므로 기본적인 문법 규칙에 따라 써야 한다. 전문 편집자가 아니라 해도 자신의 글을 비판적인 시각으로 주의 깊게 읽어 보면 기본적인 실수들을 발견할 수 있다.

| 철자법을 지켜라 |

잘못된 철자법은 오타뿐 아니라 고유명사, 잘 쓰이지 않는 단어 내지 난해한 전문용어의 오자를 포함한다. 이런 실수들이 작은 것이라 생각하는 사람들이 있을지 모르지만, 그것은 매우 큰 손해로 돌아올 수 있다. 실수들은 성의 없고 부정확한 서류라는 인상을 주고 기획서 전체의 신뢰를 떨어뜨린다.

비즈니스 서류에서 흔히 저지르는 오자는 듣던 습관대로 쓰는 것에서 기인한다. 들을 때는 맞는 것처럼 들리지만, 필자가 의도한 바와 다른 의미를 갖고 있는 경우가 많다.

또 다른 경우, 철자가 어려워서 잘못 쓰는 경우도 많다. 이런 경우 맞춤법 조사가 가능한 소프트웨어의 도움을 받으면 좋다. 그러나 전적으로 그것에 의지하지 말라. 틀린 단어가 다른 단어를 구성하게 되면 잡아내지 못한다. 무엇보다 위험한 건 고유명사와 회사명을 틀리게 쓰는 경우이다. 전에 영화 기획서를 하나 본 적이 있는데, 거기에 '우리 친구 존 휴스턴 John Houston' 이라고 쓰여 있었다. 이크, 휴스턴의 철자는 'Huston' 이다.

기획서의 작성자는 전설적인 감독과의 친분을 암시하고 싶었겠지만, 실수를 저지르는 바람에 전혀 관련이 없는 사람인 것처럼 보였다. 그와 마찬가지로 회사명을 잘못 쓰면 기획서에서 다루는 주제나 분야를 잘 모르고 있다는 인상을 강하게 심어 준다. 유명한 제약 회사 화이저Pfizer는 발음상으로는 F-i-z-e-r이지만 쓸 때는 Pfizer이고, 컴퓨터 회사인 시스코Cisco는 식품 회사 시스코Sysco와 혼동되는 것에 질렸을 것이다. 고유명사와 회사명을 정확히 쓰는 방법은 바로 재검토이다.

| 구두점 |

구두점을 바로 찍는 것은 숙련된 편집자에게조차 어려운 일이다. 구두점을 제대로 찍어야만 자연스레 읽히는 복잡한 문장은 가능한 쓰지 말자. 되도록 간단한 문장 구조를 사용하라.

| 약자 |

Inc., Ltd. 같은 상용 약자나 일반적으로 쓰이는 두음자(NFL, CEO, NATO)의 경우에만 약자를 사용하라. 확실치 않으면 철자를 모두 적어라.

| 축약 |

보통의 비즈니스 문서를 규범으로, 1 Page Proposal을 만들어야 한다. 사업상 오가는 문서이니 만큼 축약은 피하는 게 최상이다. 그러나 축약을 사용하면 지나치게 격식 없는 문서가 될 수 있다.

| 학습을 통해 문장력을 길러라 |

어떤 직업에 종사하든 쓸 만한 문장력은 유용한 기술이다. 보통 그 기술은 사고력과 기초적 문법 지식, 어휘 구사력 등을 갖추었을 때 나타나는 결과이다. 앞서도 말했지만 성공적인 1 Page Proposal을 쓰기 위해 미사여구는 필요치 않다. 단순하면서도 명확한 목소리를 낼 수 있으면 되는 것이다. 단순한 단어로 이루어진 확신에 찬 문장은 경쟁력 있고 유능한 사람이라는 인상을 줄 것이며, 1 Page Proposal을 강력하고 설득력 있는 문서로 만들어 줄 것이다.

>>>보편적인 내용으로 만들라

1 Page Proposal이 일단 완성되면 내용에 변동이 있어서는 안 되지만, 다음과 같은 경우에는 내용을 변경한다.

- 계획의 재정적 세부 사항에 변화가 생겼을 때
- '현재 상태'가 변했을 때
- 특정 상대에 맞게 일부분을 다듬어야 할 때

1 Page Proposal에 평균 수준에서 이해하지 못하는 인용문이나 이미지를 사용하지 말라. 그렇지 않으면 새로운 투자자가 나타날 때마다 계속 수정해야 하는 불편함을 겪을 것이다. 1 Page Proposal의 독자는 교육, 가문, 모국어, 국적에 따라 매우 다양할 수 있다. 따라서 미국적인 언어를 사용할 때는 조심해야 한다. 남북전쟁에 쓰인 기갑술을 뭔가에 비교하는 것은 아시아의 투자자에게는 아무 의미도 없기 때문이다. 마찬가지로 지나친 구어를 쓰는 것은 품위를 떨어뜨릴 수 있으므로 삼가야 한다. 유행에 민감하고 트렌디한 인상을 주려는 유혹도 뿌리쳐라.

>>>**THE ONE PAGE PROPOSAL_8**

08

위대한 1 Page Proposal

1 Page Proposal에 감추어진 원리를 캐기 위해 모든 이론을 섭렵할 수도 있다. 그러나 성공적인 1 Page Proposal을 쓰는 가장 좋은 방법은 훌륭한 선례를 조사하고 살펴보는 것이다. 나는 역사적으로 가장 위대한 프로젝트 중 하나를 재구성해 보았다. 5,000년쯤 전 파라오 쿠푸^{Cheops :} BC 26세기 초에 활동한 이집트 제4 왕조의 2대 왕가 세운 대 피라미드 건축이 그것이다. 왕실 건축가가 파라오에게 자신의 아이디어를 제안했을 것으로 가정하고, 1 Page Proposal의 원리에 따라 기획서를 만들어 보겠다.

>>> 이집트의 대 피라미드에 관한 1 Page Proposal

당신이 쿠푸의 건축가 헤몬이라고 상상하라. 수년 동안 파라오를 위해 건축물을 설계해 왔으나 이제야말로 그를 위한 최고의 진상품을 창조하고 싶다. 명성을 널리 알리는 동시에 막대한 보상금도 얻을 수 있는 기회라고 생각한다. 하찮은 보수공사만 하던 당신의 기술을 신장시키고 흔적을 남길 수 있는 기회이다. 또한 파라오 옆에 붙어 있는 아첨꾼들과도 구별되고 싶다.

그래서 당신은 새롭게 디자인한 파라오가 영원히 쉴 수 있는 장소를 고안해 냈다. 사막 위에 4각형을 세우고 482피트 높이의 정점을 향해 올라가는 피라미드 모양으로, 역사를 통틀어 가장 훌륭한 통치자를 기리기 위한 웅장한 건물이다. 자신이 한 설계가 천재적이라는 자신감에 찬 당신은 파라오를 설득해 건설 총신으로 임명받아 재정을 포함한 모든 공사 관리를 하고 싶어한다.

자신이 지금 대단한 도전을 하고 있다는 사실을 잘 알고 있다. 쿠푸는 자존심이 강하고 질투심 강한 성격으로 매우 무서운 사람이었다. 그와 사촌간이라 약간의 호의를 얻을 수 있을지는 몰라도 그의 곁에는 훌륭한 건축가, 측량사, 채석장 소유주, 노예 연합의 우두머리, 법률가들이 잔뜩 있어 나름대로 당신의 제안을 검토한 뒤 반대 의견을 내놓을 수 있다. 모든 것을 파악하고 있는 당신은 다양한 사람들이 읽을 것을 예상하고 신중하게 1 Page Proposal을 만들어야 함을 알고 있다.

| 제목과 부제 |

제목은 간단하면서도 눈에 띄는 것이어야 한다. 대여섯 단어 내외로 한다. 처음에는 '파라오의 무덤'이라고 정해 보았으나 썩 어울리지 않았다. 너무 진부했다. '시대를 초월한 대 건축물' 역시 마땅하지 않았다. 창조적이었으나 의미가 명확하지 않았다. 다음 순간 완벽한 조화를 이룬, 간단하지만 드라마틱한 제목이 생각났다. '쿠푸의 대 피라미드'.

파라오는 피라미드가 무엇인지 알고 있겠지만 매혹될 만한 문구가 필요하다. 그래서 부제에 의미를 보충했다. '영원불멸의 기하학적 설계로 창조된, 파라오를 기리기 위한 대 기념물'. 파라오의 호기심을 자아내고 그의 민감한 부분, 즉 자존심을 자극하기 위해 고안된 부제이다. '대', '영원불멸' 같은 단어는 파라오의 하늘 높은 줄 모르는 자존심에 부합되는 말이다. 거기에 '기념물'이라는 말까지 들어갔으니 아첨은 완벽하다.

| 목표 |

파라오가 진정으로 원하는 것이 무엇인지 심사숙고한 다음 그것을 제공할 방법을 찾아야 할 대목이다. 통치자가 스물여섯 살이며 상상할 수 있는 모든 귀중품을 소유했음을 감안할 때, 당신이 만들고자 하는 기념물은 어떤 새로운 흥미를 주는가? 그것은 바로 불멸이다. 이 피라미드는 파라오와 이집트를 영원토록 하나로 묶어 주는 역할을 한다. 파라오 자신이 목표로 하는 것을 바로 당신의 '목표'로 삼으면 되는 것이다. 즉, '이집트의 위대함을 기리고 파라오에게 영원한 생명을 보장하는 기념물을 건축하기 위한 것.' 파라오의 욕망이 무엇인지 정확히 파악했다면, 그 욕망을 만족시켜 줄 만한 약속을 함으로써 좀 더 쉽게 당신의 제안을 성공시킬 수 있다. 파라오를 설득하기 위해 '나' 혹은 '우리'라는 말을 절대 언급하지 않고 단지 기념물 건축에 대한 제안만 한다는 것을 눈여겨 보라. 자기를 내세우는 것은 파라오나 그의 측근을 모욕하는 것일 수도 있다. 비인칭 언어를 유지하는 것은 작업에만 초점을 맞추게 해준다.

| 2차 목표 |

당신은 리서치와 경험을 통해 쿠푸가 기술 혁신에 매우 관심이 많으며, 왕비의 의견에 무게를 둔다는 사실을 알고 있다. 이 정보를 2차 목표에 직접적으로 접목시킨다.

- 이집트의 최신 기술을 보여주기 위한 것
- 왕비에게 영원한 휴식 장소를 제공하기 위한 것

| 논리적 근거 |

이 특별한 프로젝트에는 매우 중요한 '시기적 요소$^{timing\ factor}$'가 담겨 있다. 따라서 그 중요한 요소를 인지하고 있음을 보여주는 것으로 '논리적 근거' 부분을 시작해야 한다. '위대한 파라오 쿠푸는 자신과 이집트의 위대함을 반영하는 기념물을 건설한다는 의도를 공표하였다.'

그 다음은, 배경 설명을 곁들임으로써 설득을 위한 무대 장치를 한다. '나라를 최초로 통일한 나르메르^{Narmer} 왕이 아비도스의 수혈식^{竪穴式} 분묘에 묻힌 이후, 이집트의 파라오는 신과 인간 모두에게 유일한 존재로 인정받았다. 그럼에도 불구하고 이전의 무덤들은 태양신 라^{Ra}와 파라오의 근본적인 관계를 제대로 반영하지 못했다. 수혈식 분묘에 얹힌 구조물 역시 파라오가 내세를 여행할 수 있을 만큼 옥체와 보물을 충분히 보호하지 못하고 있다. 선왕인 스네프루^{Snefru}의 무덤이 도굴된 것만 봐도 그 사실을 알 수 있다.'

이제 주요 설득에 들어갈 차례이다. 파라오는 당신이 그 작업을 할 능력이 있는지 알고 싶어할 것이므로 그를 설득시켜야 한다. 가능한 한 당당한 자세를 유지하도록 한다.

'왕실에서 가장 혁신적인 건축가인 헤몬은 기념물의 새롭고 완벽한 디자인을 구상해 대 피라미드의 모양으로 발전시켰다. 고안된 디자인은 독특하면서도 기존 건축물과 이집트 전통을 해치지 않는 연계성을 지닌다.

헤몬은 파라오의 궁전에서 대규모 프로젝트를 수행한 경력이 있다. 파라오의 일가 중 한 명이며, 관리 능력 또한 뛰어나다.'

다음으로, 목표와 2차 목표에서 언급한 것들의 성과를 강조하여 대여섯 가지의 매력 포인트를 요약한다. 제안한 건축의 장점 중에는 다음과 같은 것들이 포함된다.

1. 기자 ^{Giza} 평야의 가장 단단한 암석 위에 세워질 피라미드를 위한 최고의 자리.
2. 세계 최대의 기념 건축물.
3. 남북 방향의 별과 피라미드를 일직선상에 놓아, 파라오가 항상 떠오르는 태양을 향할 수 있도록 한 완벽한 설계.
4. 도굴 방지를 위해 진보된 기술을 사용함으로써 파라오와 왕비가 내세를 안전하게 여행할 수 있도록 함.
5. 전체 구조물과 최대 편차 8인치 이내의 기술.
6. 세계 최고의 품질을 자랑하는 투라 ^{Tura} 의 석회암 외벽.

| 재정 |

파라오인 쿠푸는 신성한 왕으로서 이집트 전역의 부를 통치하는 유일한 사람이었다. 재정을 통제할 능력이 있는 그였지만 국고를 수호할 책임도 있었기에, 그만한 대규모 프로젝트에 대해 걱정하지 않을 수 없었다. 제한된 재정 안에서 계획을 완수할 수 있을까? 관리를 임명해 지출을 통제해야 하지 않을까? 그가 죽기 전에 피라미드가 완성될 수 있을까? 기술적인 문제도 있다. 이러한 혁명적 설계가 가능할까? 그 장소의 암석은 구조물의 무게를 견뎌 낼 수 있는가? 석회암을 편리하게 운반할 정도로 나일 강과 가까운 거리인가?

조사를 해본 결과 당신은 피라미드의 건축 비용이 현실적인 수준이라는 결론을 얻었다. 파라오 자산의 막대한 부분을 필요로 하는 계획이지만 불가능한 것은 아니었다. 이 부분에 대해 당신은 직설적으로 쓴다.

'세계 최대의 건축물인 대 피라미드를 완성하려면 이집트 국고의 1/4이 필요하다. 하지만 셈나Semna 서쪽으로부터 델타에 이르는 지역의 추수를 고려해 세금을 증가시키면, 선왕이 지출한 액수보다 5% 초과할 뿐이다. 파라오의 기술자들이 예비 설계도에 따라 측정한 바에 따르면, 482피트의 피라미드를 건축하는 데 2.6톤 무게의 돌이 대략 230만 개 필요할 것이다. 건축 비용은 공사 기간인 23년에 걸쳐 점차적으로 지출될 것이다.'

| 현재 상태 |

이 부분에서는 당신의 경력과 이미 실행중인 거래 사항을 밝힌다. 명심할 것은 파라오가 질문을 던지기 전에 먼저 대답하는 것이다.

'예비 설계도는 완성되었음. 기자 근처의 채석장에서 석회암과 화강암을 공급받기로 약속되었음. 램프에 쓰일 금과 삼나무는 이집트의 새 영토인 비블로스와 누비아 저지대에서 공급받을 수 있음. 인력관리국Department of Civil Service에서 범람 시기에 10만 명의 장인과 노동자를 공급해 줄 수 있으며, 그렇게 되면 2528년까지 공사가 완료될 수 있음.'

| 실행 |

당신이 쿠푸로부터 원하는 일은 처음부터 명확했다. 그러나 그가 앞의 내용으로 당신이 원하는 것을 추론했으리라는 예상은 하지 말자. 솔직한

쿠푸의 대(大) 피라미드

영원불멸의 기하학적 설계로 창조된, 파라오를 기리기 위한 대 기념물

목표 : 이집트의 위대함을 기리고 파라오에게 영원한 생명을 보장하는 기념물을 건축하기 위한 것.

- 이집트의 최신 기술을 보여주기 위한 것
- 왕비에게 영원한 휴식 장소를 제공하기 위한 것

　위대한 파라오 쿠푸는 자신과 이집트의 위대함을 반영하는 기념물을 건설한다는 계획을 공표하였다. 나라를 최초로 통일한 나르메르(Narmer) 왕이 아비도스의 수혈식(竪穴式) 분묘에 묻힌 이후, 이집트의 파라오는 신과 인간 모두에게 유일한 존재로 인정받았다. 그럼에도 불구하고 이전의 무덤들은 태양신 라(Ra)와 파라오의 근본적인 관계를 제대로 반영하지 못했다. 수혈식 분묘에 얹힌 구조물 역시 파라오가 내세를 여행할 수 있을 만큼 옥체와 보물을 충분히 보호하지 못하고 있다. 선왕인 스네프루(Snefru)의 무덤이 도굴된 것만 봐도 그 사실을 알 수 있다.

　왕실에서 가장 혁신적인 건축가인 헤몬은 기념물의 새롭고 완벽한 디자인을 구상해 대 피라미드의 모양으로 발전시켰다. 고안된 디자인은 독특하면서도 기존 건축물과 이집트 전통을 헤치지 않는 연계성을 지닌다. 헤몬은 파라오의 궁전에서 대규모 프로젝트를 수행한 경험이 있다. 파라오의 일가 중 한 명이며, 관리 능력 또한 뛰어나다.

　제안한 건축의 장점 중에는 다음과 같은 것들이 포함된다. 1) 기자(Giza) 평야의 가장 단단한 암석 위에 세워질, 피라미드를 위한 최고의 자리. 2) 세계 최대의 기념 건축물 3) 남북 방향의 별과 피라미드를 일직선상에 놓아 파라오가 항상 떠오르는 태양을 향할 수 있도록 한 완벽한 설계. 4) 도굴 방지 기술을 사용하여 파라오와 왕비가 내세를 안전하게 여행할 수 있도록 함. 5) 전체 구조물과 최대 편차 8인치 이내의 기술. 6) 세계 최고의 품질을 자랑하는 투라(Tura)의 석회암 외벽.

재정 : 세계 최대의 건축물인 대 피라미드를 완성하려면 이집트 국고의 1/4이 필요하다. 하지만 셈나(Semna) 서쪽으로부터 델타에 이르는 지역의 추수를 고려해 세금을 증가시키면, 그 액수는 선왕이 지출한 액수보다 5% 초과할 뿐이다. 파라오의 기술자들이 예비 설계도에 따라 측정한 바에 따르면 482피트의 피라미드를 건축하는 데 2.6톤 무게의 돌이 대략 230만 개 필요할 것이다. 건축 비용은 공사 기간인 23년에 걸쳐 점차적으로 지출될 것이다.

현재 상태 : 예비 설계도는 완성되었음. 기자 근처의 채석장에서 석회암과 화강암을 공급받기로 약속되었음. 램프에 쓰일 금과 삼나무는 이집트의 새 영토인 비블로스와 누비아 저지대에서 공급받을 수 있음. 인력관리국(Department of Civil Service)에서 범람 시기에 10만 명의 장인과 노동자를 공급해 줄 수 있으며, 그렇게 되면 2528년까지 공사가 완료될 수 있음.

실행 : 위대한 파라오 쿠푸는 헤몬을 건설부 총신으로 임명하고, 그에게 대 피라미드 건축 공사의 권한을 줄 것.

Hemon

태도를 끝까지 유지하면서 이 부분에서 원하는 바를 분명히 밝혀라. '위대한 파라오 쿠푸는 헤몬을 건설부 총신으로 임명하고, 대 피라미드 건축 공사의 권한을 줄 것.' 나는 적어도 헤몬이 이런 식으로 했으면 좋았을 것이라고 생각한다.

연습이라 생각하고 파나마운하, 후버댐, 로마의 콜로세움, 중국의 만리장성 등 과거에 이루어진 다른 위대한 프로젝트들도 1 Page Proposal로 써 보는 건 어떤가. 백과사전이나 인터넷을 검색해 보면 필요한 정보를 찾을 수 있다. 자신만의 1 Page Proposal을 구성하고 친숙해질 수 있는, 재미있는 방법이라 생각한다.

>>> 아쉬웠던 카쇼기 기획서

애드넌 카쇼기를 만나 충고를 들었고, 그 충고에 자극을 받은 내가 1 Page Proposal의 개념을 발전시켰다는 얘기는 앞에서도 했다. 지금 알고 있는 것을 그때도 알았더라면 카쇼기에게 그런 식의 거래를 제안하지는 않았을 것이다. 주요 세부 사항이 모두 적힌, 똑부러지는 1 Page Proposal을 준비해 그에게 제시했을 것이다. 내가 추구하는 일이 무엇인지 신속하게 이해시키고, 프로젝트의 가치를 설득하며, 그가 행해야 하는 일이 무엇인지 명확하게 밝혔을 것이다. 카쇼기에게 제출했어야 했던 기획서를 보기로 하자.

홍해, 인도양, 페르시아 만 주둔 미군에 대한 물품 조달 계획

제너럴 리소시스사(General Resources Corporation)와 트라이어드(Triad)의 미-사우디 합작 투자

목표 : 소말리아, 지부티, 케냐, 이집트, 오만에 기지를 둔 긴급전개부대(Rapid Deployment Forces : RDF. 미군의 거점이 없는 지역에서 분쟁 때 급파될 수 있는 부대)에 전략 물자를 공급함으로써 발전적인 큰 시장을 유용화하기 위한 것.

이란 왕조의 몰락과 소련의 아프가니스탄 침공에 대한 대응으로 미국 대통령 지미 카터는 1980년 페르시아 만에서 자국의 이익을 수호한다는 명목 아래 RDF를 투입했다. RDF는 인도양 중심부에 위치한 디에고 가르시아 섬에 본부를 두고 있으며, 플로리다의 맥딜 공군기지(MacDill Airforce Base)의 통제를 받는다. 본토와 디에고 가르시아 사이의 거리 때문에 미군은 군대와 장비의 전략적 배치 장소[오만(마시라 섬과 무스카트), 케냐(몸바사), 소말리아(베르베라), 지부티, 이집트(라스 바나스)]에서 몇 가지 시설을 쓸 수 있도록 세 가지 협정을 체결했다.

리야드와 사우디아라비아의 카쇼기 가(家)가 소유한 트라이어드는 오만, 케냐, 이집트, 그리고 소말리아 일부에서 중요한 사업을 해왔으며, RDF를 지원하는 업체로 안정적인 자리를 잡았다. 그에 덧붙여, 트라이어드는 1953년부터 시작된 사우디와 미국의 군사적 이해 관계를 제대로 이해하는 유일한 업체이다.

1980년, RDF로 인한 시장 형성과 미 의회에 의해 강요된 몇 가지 미제 물품 구매에 대한 즉각적인 반응으로, 패트릭 라일리(산타크루즈의 캘리포니아대학 문학사, 옥스퍼드대학 석사)와 톰 라일리(스탠포드대학 이학사, 하버드대학 경영학 석사) 형제는 이 지역에 대한 경험과 물품 공급의 지식을 이용하기로 했다. 그들은 GRC를 통해 규모가 큰 미국의 비군사 비품 회사들[드레서 인더스트리(Dresser Industries), 가드너 덴버(Gardner Denver), 버사이러스 에리(Bucyrus-Erie), 존 디어(John Deere)]과 독점 계약을 맺었다. 또한 그들은 소말리아, 지부티, 케냐 일부의 주요 민족과 연계하여 내수 공급을 준비했다. 마지막으로, GRC는 워싱턴 D. C.의 연방 장비 업체와 연계를 맺었고 워싱턴 D. C.의 해당 외국 대사관과 연락을 취하고 있다.

GRC는 50대 50의 합작 투자를 제안하며, GRC가 운영을 맡고 트라이어드는 운영 자금을 제공한다.

재정 : 시장을 완전히 개발하는 2년 동안 천만 달러가 필요함. 그 자금은 오직 RDF와 관련된 마케팅과 계약에만 쓰일 것임. GRC는 5천만 달러의 총 수익을 예상하고 있음. 1985년 회계연도의 국방부 예산 중 RDF에 배당된 금액은 590억 달러임. 그 중 '470억 달러는 페르시아 만에 배정된 것임. 의회 예산처의 보고서에는 'RDF에 한해, 더욱 원대한 계획이 있으면 국방부의 예산을 증액할 수도 있음' 이라고 쓰여 있음.' ('의회 예산처와 신속 배치군 : 정책과 예산의 상관 관계' 워싱턴 D. C. 1983년 2월, 13쪽)
초기 군사 지원은 7억 달러로, 기지 건설 자금임. 후속 예산이 지급될 예정이며 막대할 것으로 예상됨.

현재 상태 : GRC는 전략적 개발 계획 전체를 마련해 놓았으며, 실행할 준비가 되어 있음.

실행 : 애드넌 카쇼기는 팻 라일리를 만나 계획을 진행하고, 세부 사항을 협정할지 결정할 것.

Patrick G. Riley, 15 April 2002

09

상품 가치

1 Page Proposal의 내용을 완벽하게 준비했다면 완성된 품목을 생산할 시간이 왔다. 기획서는 단지 아이디어의 집합이 아니라 물리적 실체이다. 그런 만큼 당신의 품질이 그곳에 드러난다. 화려한 대리석이나 유리로 꾸미느라 돈을 쏟아부을 필요는 없지만, 눈길을 끄는 최종 생산품은 사업 제안의 성공 여부에 커다란 차이를 가져온다.

>>> 인쇄

1 Page Proposal은 당신이 상대방에게 전달하는 밀서이다. 그러므로 기획서의 모든 요소는 품질을 생각하고 만들어져야 한다. 기획서를 다른 수단, 즉 팩스나 이메일(그것에 관해서는 다음 장에서 언급하겠다)로 보낸다고 하더라도 직접적인 프레젠테이션이나 후속 조치를 위해 훌륭한 재질의 종이에 프린트해 놓아야 한다.

– 규격 사이즈(미국의 경우 가로 8.5인치, 세로 11인치)에 24파운드 이상
 의 양질 목면 섬유 종이로 시작한다.

– 개인 편지지나 회사명이 인쇄된 종이는 쓰지 않는다. 아무것도 쓰여 있
 지 않은 흰 종이가 좋지만 황갈색이나 회색 종이도 괜찮다.

– 무늬가 크고 진하게 들어가거나 장식이 있는 밝은 색깔의 종이는 피한다.
 전문적으로 보이지 않을뿐더러 읽을 때 내용에 집중할 수 없게 만든다.

>>> 활자체와 크기

무엇보다 중요한 것은 읽기 쉽도록 만드는 것이다. 따라서 표준 활자
체를 이용하고, 글자 크기는 10~12포인트로 한다. 소제목은 약간 크게
하거나 고딕체를 써서 구별이 가능하도록 한다. 한 쪽에 많은 것을 넣을
욕심으로 글자 크기를 8~9포인트로 낮추지 말라. 너무 작아서 읽기 어
려우며, 그렇게 되면 재활용품 상자에 들어갈 위험도 있다. 제목이나 소
제목을 너무 장식하다 보면 주의가 흐트러지고 비전문적으로 보일 수 있
으니, 가능한 한 단순하게 하라.

행간은 1로 하고 문단과 문단 사이 혹은 파트가 나뉠 때 한 줄만 띄우
는 것이 좋다. 기획서의 내용이 짧다면 행간을 1.5로 하는 것도 괜찮다.
제목은 중앙에 위치하거나 왼쪽 줄맞춤으로 하며, 기획서의 내용 중에서
가장 크게 한다.

>>> 튀지 않게 만들기

1 Page Proposal은 언제나 검은색으로 인쇄한다. 색을 넣으면 주의

가 산만해지고 선명함이 덜하다. 꼭 기본 검정색을 쓰도록 하라. 좋은 품질의 레이저 프린터를 이용하라. 도트프린터는 활자의 선명함이 떨어지고 세팅도 최상으로 만들 수 없다. 레이저 프린터가 없으면 문구점에 나가서라도 하라. 깔끔하게 프린트된 서류는 좋은 인상을 주는 필수 요소이다.

사방에 넉넉한 여백을 둔다. 위, 아래, 왼쪽, 오른쪽에 1인치의 여백을 둔다. 내용이 넘치면 각각 1/4인치씩 줄이는데, 여백이 절대 1/2인치 이하로 내려가서는 안 된다.

나는 표준 비즈니스 레터처럼 언제나 왼쪽 줄맞춤을 하고 오른쪽은 들쭉날쭉하게 둔다. 자간을 지나치게 띄운다든지 하이픈을 보기 싫게 사용하지만 않는다면 양쪽 맞춤도 괜찮다. 양쪽 맞춤을 원하는데 위와 같은 문제점이 있다면 약간 글자 크기를 작게 하거나 워드 프로세서의 세팅을 조정해 본다.

줄의 맨 끝에 하이픈이 불쑥 나타나는 경우, 글이 늘어져 보인다. 오른쪽 줄맞춤을 하지 않으면 그런 문제는 없어진다. 그러나 그렇게 해도 어떤 소프트웨어는 맨 끝에 오는 긴 단어를 하이픈으로 처리하는 경우가 있다. 그런 경우 수동으로 하이픈을 없애 주면 되지만, 그 줄이 너무 짧게 끝나 우스운 모양이 되는 경우가 흔하다. 그럴 때는 하이픈을 그대로 두는 것보다는 다른 단어로 대치하는 것이 낫다.

>>>THE ONE PAGE PROPOSAL_10

1 Page Proposal 제출하기 10

세계 최고의 IQ로 기네스북에 오른 작가 겸 칼럼니스트 매럴린 보스 새번트 Marilyn vos Savant는 자신이 기고하는 〈퍼레이드 매거진〉의 고정 칼럼에서 다음과 같이 말했다.

"구어 spoken word와 문어 written word 중 어느 것이 더 위대하냐고요? 아직까지는 문어죠. 계획, 조직, 검토의 과정을 거칠 수 있으니 품질면에서도 더 낫고 안정성도 있는데다가 잊어버릴 염려도 없으니까요. 시간에 구애받지 않고 많은 사람에게 읽힐 수도 있죠. 아직 태어나지 않은 사람들까지 포함해서 말예요."

1 Page Proposal의 장점도 그와 같다. 오늘날의 산업 환경에서 구술 전략이 우세를 얻고 있기는 하지만 프린트된 1 Page Proposal은 신중함, 조심성, 전문성, 장점 등 모든 것이 동반되어 당신의 성공적인 선전을 보장한다. 주장을 펼치는 데 있어 완벽한 조절이 가능하다는 뜻이다.

그건 그렇고, 1 Page Proposal을 목표 대상에게 전달하는 데 있어

가장 좋은 방법은 무엇인가? 철저한 준비를 하느라 시간과 공을 들였을 것이다. 그런데 이제 와서 직접적인 접촉의 이점을 잃을 수는 없다.

>>> 어떤 방법으로 제출할 것인가?

1 Page Proposal을 읽을 사람과 아무 연락도 취하지 않은 상태에서 기획서를 보내면 절대 안 된다. 기획서가 읽히기를 진정으로 원한다면 일대일 대화만큼 좋은 게 없다.

읽을 사람과 직접 만난 자리에서 제안하는 내용을 구술하고, 그가 내용을 자세히 알 수 있도록 준비된 1 Page Proposal을 남겨 두고 오는 방법이 가장 좋다. 그것이 불가능하다면 전화상으로 상대방과 기획서의 내용을 대강 이야기하라. 그런 다음, 다음날 바로 기획서가 도착하도록 해야 한다. 나는 기획서를 접지 않고 편 채 가로 9인치, 세로 12인치의 봉투에 넣어 하루만에 배달이 가능한 택배 업체 중 한 곳, 즉 UPS나 FedEx에 의뢰해 서류를 보낸다.

이메일이나 팩스도 좋지만 그것은 중간 수단일 뿐이지 원본을 대체하지는 않는다. 첫 전달 수단으로 그런 방법을 썼다면, 상대방이 아무 관심을 표현하지 않았더라도 문서로 된 기획서를 빠른 시일 내에 보내야 한다.

>>> 전화 통화 요령

1 Page Proposal을 제출하는 과정에서, 다음과 같은 경험을 한 번쯤은 하게 될 것이다.

1. 상대방이 "좋소, 만납시다"라고 했을 경우, 약속 시간을 정하고 나서 미팅 도중 혹은 미팅이 끝난 즉시 건넬 수 있도록 1 Page Proposal을 준비해 간다. 이력서처럼 몇 장의 여분을 가져간다.

2. 상대방이 이렇게 물을 수도 있다. "무엇에 관한 얘기입니까?" 만일 전화상이었다면 그 질문에 대한 답을 모두 하지 말라. 성급하게 설명하다 보면 자칫 위험할 수도 있기 때문이다. 대신, 기획서에 들어 있는 목표 부분을 읽어 주고 모든 주요 이슈가 요약되어 있는 1 Page Proposal을 준비했다고 말하라. 그리고 미팅을 위해 한 부 보내겠다고 말하라. 그것을 보낼 때에는 약속 시간을 확인하는 짧은 메모를 함께 보내, 전화로 대화했던 것을 상기시키고 그와의 만남을 고대하고 있음을 알리는 것이 좋다.

3. 상대방이 "내가 도울 수 있을지 모르겠군요. 먼저 서류를 보내주시겠습니까? 봐서 괜찮으면 시간 약속을 정하도록 하지요"라고 말할 수도 있다. 그럴 때는, 그의 의견을 존중하며 그에게 시간이 얼마나 귀중한 것인지 알고 있다는 짧은 메모를 함께 보낸다. 그리고 3일 이내에 약속을 정하기 위한 전화를 하겠다고 전한다.

네번째 경우는, 상대방이 전화상으로 당신의 제안을 거절하는 것이다. "아뇨, 관심 없습니다. 고맙지만 거절하겠습니다." 용기를 잃지 말라. 좋은 아이디어가 그 자리에서 거절당하는 것은 당신뿐만이 아니다. 조지 루카스는 〈스타워즈〉를 영화화하기 위해 할리우드의 주요 영화사들을 찾아갔지만 거의 모두가 거절했다. 당신이 첫번째로 고른 타깃이 당신의 제안을 거절한다고 해서 완전히 포기하지 말라. 그에게 경의를 표하고, 그의 결정에 유감이지만 고맙다는 편지를 쓴 뒤 당신의 1 Page Proposal을 덧붙여 보내도록 하라. 그의 마음이 바뀌면 언제든 다른 시간에 만날 의

사가 있음을 밝혀라. 마지막으로 다시 용기를 내어 다른 사람(협력자이든 경쟁자이든)에게 기획서를 제출한다. 읽을 사람이 바뀌었으므로 그에 맞게 내용을 다듬어 새롭게 시도한다. 아직 모든 게 끝난 것은 아니다.

>>> 기획서의 내용에 통달하라

위대한 할리우드 제작자 겸 달변가인 로버트 코스버그^{Robert Kosberg}는 직접 사람을 만나 설득하는 데 네 가지 기본 원칙이 있다고 말한다.

- 자신의 생각에 설득력이 있다는 자신감
- 완벽하게 구술할 자신이 생길 때까지 연습할 것
- 열정을 보여줄 것
- 성공한 자신을 미리 상상할 것

코스버그의 충고는 옳다. 그토록 중요한 미팅에 임할 때, 자신의 아이디어가 뛰어난 것이고 성공할 것이라는 믿음을 갖는 것은 절대적으로 필요한 일이다. 1 Page Proposal을 쓸 때는 실수와 몇 번의 시도가 용납된다.

그러나 상대방을 만나 자신의 사업 아이디어를 직접 선전하는 것은 예상한 대로만 되지 않는다. 상황에 따라 다르겠지만, 재정적인 문제부터 이야기해야 할지도 모른다. 어쩌면 프로젝트의 현재 상태에 대한 질문에 조목조목 답하는 것으로 시작할지도 모른다. 그것이 무엇이든, 가장 좋은 것은 자신의 제안에 대해 통달해서 어느 곳에서든(예를 들면, 내가 애드넌 카쇼기와 그랬듯 새벽 1시, 요트 안에서) 자신 있게 상대방에게 설명하는 것이다.

어떤 예상치 못한 상황에서도 상대방에게 조리 있게, 열정적으로 설득할 자세가 되어 있어야 한다. 나는 군대 야영지에서, 할리우드 실세들의 점심 식사 자리에서, 부엌 식탁에서, 해변가를 걸으면서, 단파 송수신기를 붙들고, 인터넷을 통해, 은행 회의실에서, 일본의 게이샤 하우스에서 1 Page Proposal을 내밀었다. 청바지 차림, 양복 차림, 사파리 복장, 심지어는 잠옷을 입고 설명한 적도 있었다. 자신이 제안하려고 하는 바를 통달했다면 때가 왔을 때 어떤 상황에서라도 신속하게 설명할 수 있을 것이다.

코스버그의 또 다른 이론은 할리우드 엘리트들 사이에서 격언처럼 쓰인다. '자신의 제안을 한 문장으로 말할 수 없다면, 그 아이디어가 잘못된 것이거나 잘 알지 못하는 것이다.' 할리우드 제작자들은 스토리 분석가들이 준비한 '큰 줄거리^{log lines}'로 영화 아이디어를 파악한 뒤 그 자리에서 판단을 내린다.

영화사상 실제로 있었던 일을 하나 소개하겠다. '제2차 세계대전 당시 카지노를 운영하던 냉소적인 주인공의 옛 애인이 남편과 함께 나치 점령하의 모로코에 도착한다. 옛 애인의 남편이 보여준 영웅심은 주인공으로 하여금 냉소주의와 옛 애인에 대한 강한 사랑과 잠재된 애국심 사이에서 갈등하도록 만든다.' 우리는 이것이 어떤 영화에 대한 설명인지 금방 알 수 있다. 바로 〈카사블랑카〉이다.

필요하면 언제든 한 문장으로 설명할 수 있을 정도로 자신의 아이디어에 대해 잘 파악하고 있어야 한다. 1 Page Proposal의 목표 부분에서 이미 한 일이기도 하다. 목표를 항상 마음에 새기고 있다가 이런 질문을 받을 때 대답할 수 있어야 한다. "당신이 제안하는 내용이 뭐요?"

>>>자신이 속한 조직에 제안하기

우리는 엄청난 혁신의 시대에 살고 있다. 새로운 회사의 탄생 속에서도 그렇고, 기존의 회사 내에서도 그렇다. 사업의 성공은 내부로부터의 혁신에 달려 있다.

백 년 전에 살았던 랄프 왈도 에머슨Ralph Waldo Emerson은 이렇게 말했다. "누군가가 자기 이웃보다 글솜씨가 좋거나 낚시를 잘 하거나 쥐덫을 잘 놓는다면, 그가 아무리 숲 속에 집을 짓고 살아도 세상 사람들이 그의 문을 두드릴 것이다." 21세기에도 통하는 말이다. 조직의 맨 아래쪽에 있다고 할지라도 훌륭한 기획서를 내놓으면 당신 자리에 힘이 생길 것이다.

규모에 상관없이 최고의 회사들은 이 사실을 알고 있다. 그리고 오늘날은 그 원칙에 따라 사업체를 세우는 기업이 늘고 있다. 그러나 때로는 내부 혁명이 자체의 시스템에 의해 방해받는 경우도 있다. 오래되고 크고 보수적인 회사일수록 그런 경향이 강하다. 안타까운 일이 아닐 수 없다.

당신이 회사 혹은 한 부서를 책임지고 있다면 1 Page Proposal은 부하 직원들의 힘을 길러 주는 데 매우 효과적인 수단이다. 그들이 자기 자신의 생각을 깔끔한 형식에 담아 내고 나면, 당신은 아랫사람들로부터 끌어낼 수 있는 혁신에 놀랄 것이다. 아이디어를 1 Page Proposal의 형식에 담는 것은 지도자로서의 당신의 수행 능력뿐 아니라, 회사 전체의 수행 능력에 엄청난 차이를 가져다 줄 것이다.

반짝이는 아이디어를 가진 봉급 생활자의 경우, 1 Page Proposal은 자신의 아이디어를 발전시키고, 그로 인해 회사와 상사와 자신의 경력에 놀라운 차이를 가져오는 훌륭한 방법이다.

1 Page Proposal의 능률성은 사업 환경 속에서 아이디어들의 원활한 흐름을 조장한다. 한 개인이 60쪽짜리 기획서를 쓰는 데 서너 달이 걸리

고, 또 그것이 조직체의 보고 시스템에 따라 걸러지느라 두 달 걸린다고 치면(명령 체계에 따라 10명이 기획서를 소화하는 데 각각 6시간씩 걸린다고 했을 때), 혁신적인 아이디어는 1년에 최대 두 개가 생산될 것이다.

그러나 어떤 회사의 직원들이 새 아이디어의 표준 검토 수단으로 1 Page Proposal을 택한다고 가정해 보자. 그렇게 되면 기획서를 작성하는 데 한 달, 10명이 검토하는 데 5시간밖에 걸리지 않는다. 즉, 1년에 12건의 혁신적인 아이디어를 생산하므로 생산율이 6배나 증가하는 것이다. 시간으로만 따져도 수만 달러를 절약하는 셈이다.

당신이 어느 회사의 직원인데 아직까지 새로운 아이디어의 발표 수단으로 1 Page Proposal이 채택되지 않았다면, 자신만이라도 그 방법을 채택해 회사 내에서 자유롭게 사용해 보라. 상사들의 눈에 띄어 당신과 당신의 아이디어가 주목받게 될 것이다. 당신이 그런 회사의 대표라면 1 Page Proposal을 표준 작업 절차로 정해 보라. 회사 내에서 새로운 아이디어들이 넘쳐 나고 그로 인해 수익률이 늘어가는 모습에 놀라게 될 것이다.

>>> 성심을 다하라

내가 윌리엄 홀덴에게 제안을 하기 위해 12,000마일을 날아갔던 것과 같은 일은 여러분에게 없겠지만, 자신의 아이디어를 현실로 만들기 위해 미팅을 하는 일은 꼭 필요하다. 기획서를 썼다면 이미 75%는 이룬 것이나 다름없다.

나머지 25%는 열정에 달려 있고, 그것은 기획서만큼 중요한 것이다. 1 Page Proposal이 성공할 수 있는 열쇠는 아이디어의 가치를 떠나서 스스로 자신의 프로젝트에 얼마나 헌신적인가 하는 것이다. 기획서와 그것을 직접 배달하는 데서 그 사람의 열정과 헌신이 보이는 것이다.

노먼 빈센트 필_{Norman Vincent Peale}은 자신의 유명한 저서 〈긍정적 사고의 힘_{The Power of Positive Thinking}〉에서 유명한 공중 곡예사의 이야기를 실었다. 그는 제자들에게 높은 곳에서 줄타기를 하는 비결을 알려 준다. 수제자 중 한 명이 막상 줄 앞에 서자 얼어붙었다. "도저히 못 하겠어요." 곡예사는 그의 마음을 이해했다. 그는 제자의 어깨에 팔을 두르고 두려움을 없앨 수 있는 비결을 알려 주었다. 그의 충고는 간단했다. "줄에 네 마음을 던져. 그럼 몸은 저절로 따라올 테니까."

>>> 거절의 대답을 들으면?

1 Page Proposal을 제출하는 목적 중 하나는 읽는 사람이 당신의 아이디어에 찬성하지 않거나 어떤 이유로든 당신의 부탁을 들어줄 수 없는 경우 거절을 할 수 있도록 하기 위함이다.

거절이 꼭 나쁜 결과라고는 생각하지 않는다. 사실, 당신과 상대방 모두를 위해 좋은 결과일 수도 있다. 상대방이 진실된 마음으로 거절을 했고, 당신이 부탁한 것을 들어줄 수 없다는 것을 솔직하게 표현한다는 것은 좋은 것이다. 당신은 상대방의 결정을 존중하고 앞으로 좋은 관계를 유지시켜 나갈 수 있다. 당신의 생각이 매우 잘 정리된 기획서를 검토해 볼 수 있는 기회를 상대방에게 주었으므로, 관계 개선을 통해 앞으로의 아이디어를 위한 발판을 마련했다고 볼 수 있다. 게다가 상대방은 당신의 아이디어가 더 적합하다고 생각되는 동료에게 당신을 소개할 수도 있다.

거절은 최악의 답이 아니다. "글쎄요"라는 대답이 더 나쁠 수도 있다. 거절의 답을 들은 당신은 새로운 방향으로 나아갈 수 있다. "글쎄요"는 제안이 마음에 들지 않다는 것인지, 거래 자체가 흥미를 끌지 못한다는 것인지, 아니면 단지 그날 그의 기분이 울적해서 한 대답인지 알 수 없는 상태로 당신을 주춤거리게 만든다. "글쎄요"는 당신이 주위를 얼쩡거리며 "좋다"라는 대답을 기다리게 만든다. 나는 "글쎄요"를 거절로 받아들인다. 기다림은 일의 진행을 막고, 초조하게 만들며, 타이밍을 놓치게 만든다. 나는 상대방에게 결정할 며칠의 시간을 준 뒤 전화를 한다. 상대방이 거절의 답을 하면 다음 단계로 움직인다. 통화를 하지 못했거나 그가 내 전화를 받지 않아도 서슴지 않고 움직인다. 우리가 찾는 사람은 행동에 옮기려는 사람이지 꾸물거리는 사람이 아니다. "글쎄요"로 답하는 사람과는 절대 같은 방향으로 나아갈 수 없다.

>>> 내가 여러분에게 바라는 것

수년 전 매우 기묘한 상황에 빠진 적이 있다. 아프리카 동부에 있는 에티오피아의 한 시골 마을에서 유명한 요리 전문가이자 〈뉴욕타임스 요리책The New York Times Cookbook〉의 저자인 크레이그 클레이본Craig Claiborne과 이틀 동안 머물렀다. 아디스아바바로 비행할 예정이었던 DC-3가 고장나는 바람에, 흙먼지 이는 비행장에서 그를 만난 것이었다. 다음 비행기는 이틀 후에나 도착할 예정이었다. 서로 이야기를 하는 것 외에는 달리 할 일이 없었다. 우리 사이에는 공통점이 전혀 없는 듯 보였다. 그는 맛있는 음식과 와인의 전문가였고, 나는 그 당시 소말리아 근처에서 야생 동물을 살리기 위해 포획하는 일을 하고 있었다. 그러나 그 뒤로 며칠 동안 우리는 작은 호텔의 베란다에 앉아 서로의 이야기와 경험들을 나누기 시작했다. 그는 미시시피에서 자란 어린 시절 얘기를 했고, 최고의 식탁을 찾아

다닌 긴 여정을 이야기했다. 그의 이야기 속에는 파리 데니스 식당의 고급 요리부터 뉴욕의 단골 식당 이야기까지, 음식에 대한 풍부한 경험이 녹아 있었다. 음식과 삶에 대한 그의 열정은 대단해서 옆에 있는 사람까지 전염시킬 정도였다. 나는 다음해 문명 세계로 돌아와 그의 요리책을 사고야 말았다. 내가 산 최초의 요리책이었다.

그 책을 보고 놀란 것은 요리법이 매우 간단하고 따라하기 쉽다는 것이었다. 일상적인 음식이 됐든 파티 음식이 됐든 마찬가지였다. 클레이본은 그 책을 읽는 독자가 어느 정도의 상식을 가졌으리라 자신한 듯했다. 결과적으로, 그 책은 거만하지도 지나치게 겸손하지도 않은 스타일을 창조했다.

이 책이 여러분에게 주고 싶은 인상이 바로 그것이다. 책에서 추천하는 원리를 따르기만 한다면 여러분은 1 Page Proposal을 이용해 꿈을 이룰 수 있을 것이라 자신한다.

이 책을 어떤 이유에서 샀든, 그 행동이 당신의 삶을 다르게 만들어 줄 것이다. 현 상황을 뛰어넘을 수 있게 해주고, 야심 찬 사업을 시작할 수 있게 해주고, 생각에 불과하던 것을 사업 기획서로 만들어 현실화해 줄 것이다. 요컨대, 인생의 한 국면을 깨고 다른 국면으로 접어들 수 있게 해준다는 것이다. 1 Page Proposal을 사용해 얻는 부수적 효과 중 하나는 당신 자신과 주위 사람들이 당신의 참모습을 볼 수 있도록 도와준다는 것이다.

체스터 칼슨Chester Carlson의 예를 들어보자. 젊은 특허 변호사였던 칼슨은 상사에게 똑같은 형식의 서류를 반복해서 제출하다가 마침내 '세상 사람들에게 편리하면서도 나 자신에게 편리한 것'을 만드는 기술을 생각해 냈다. 처음에는 혼자 진행하다가 나중에는 파트너와 함께 '건식 복사 원리'를 고안해 냈다. 반복적인 특허 서류 작업을 해결할 수 있는 기발한 생각이었다. 스무 곳 넘게 기획서를 제출한 그는 마침내 자신의 발명품을 공동 개발할 회사를 찾았다. 그의 복사기를 처음 제작해 판매한 회사가 바로 지금 제록스사의 전신이다.

1 Page Proposal은 정보로 넘쳐나는 세상에서 다른 사람의 마음속에 당신의 새로운 아이디어가 심어질 수 있도록 특별히 고안된 의사 소통 수단이다. 당신의 아이디어가 현실화되는 데 도움을 주기 위해 빠르고 효과적인 길을 제공해 준다.

성공하길 빈다.

>>>1 Page Proposal 지원 네트워크

이 책의 초고를 끝냈을 때, 많은 사람들이 "미래의 독자들은 1 Page Proposal 쓰기에 대해 직접적인 가르침을 받고 싶어할 것"이라고 말했다. 평가 혹은 개선을 위해 자신들의 기획서를 보여주기도 할 것이라고 했다. 그래서 나는 1 Page Proposal 지원 네트워크를 만들게 되었다. 그곳에서는 선택의 폭이 넓어 고도의 기술적 도움을 받을 수 있다.

1 Page Proposal 지원 네트워크는 전화와 인터넷을 통해 '서포트' 엔지니어들의 도움을 받을 수 있다. 미국 전화 번호는 415-921-8849이고, 사이트 주소는 www.onepageproposal.com이다.

1 Page Proposal을 지원하기 위해 CD-ROM도 제작했으며, 곧 나올 예정이다. 최초 사용자들에게는 관련 상품을 할인해 주고 있다. 상세한 정보를 받고 싶으면 우리 웹사이트에 방문하길 바란다.

직원 훈련에 관심 있는 기업 역시 우리 사이트로 연락하면 된다.

우주선 엔터프라이즈 호 전시회

우주선 엔터프라이즈 호의 1993년 일본 도쿄 특별 전시회

목표 : 미 우주 개발의 인류에 대한 특별한 공헌을 일본과 그 주변에 알리기 위함.

- 우주 개발에 의해 드러난 지구 전체의 문제에 일본의 공동 참여를 확대시킴.
- 미국과 일본의 우주에 관한 상호 협력 의지 전달 및 기회 제공.

1991년, 니폰 텔레비전 네트워크('NTV' 또는 '스폰서')와 일본 황실, 총리실, 일본 외무성과 교육청, 국립과학박물관, 과학기술연구소는 우주선 엔터프라이즈 호를 전시함으로써 미국의 우주 기술을 도쿄에 알리는 전시회를 후원하겠다고 제안했다(엔터프라이즈는 우주선의 비행 능력을 시험하기 위해 747에서 떨어뜨린 모형 우주선으로, 미 항공우주국 단독으로 사용하였음). 도쿄 전시회는 1993년에 열릴 예정이며, 스미스소니언협회의 국립항공우주박물관(NASM)에 기획서가 제출된 상태이다.

일본 최대의 사설 방송사인 NTV(최근 로마의 시스틴 성당 복원 공사에 단독으로 기부금을 낸 바 있음)는 모든 논리적 측면(운송, 관리, 보험, 안전, 전시회 관리 및 디자인)을 제공해 왔음. NTV는 전직 NASM 직원, 스미스소니언, 나사 직원 등으로 구성된 팀을 운영하며 전시회에 필요한 모든 측면을 고려함. 그 외에 NTV는 광범위한 미디어 자원을 이용해(예를 들면, 방송사 소유의 신문 두 곳에 정기적으로 기사를 게재해 천만 독자에게 전시회를 알림) 전시회를 지원할 계획.

재정 : 미국에서 지불해야 할 비용은 없음. 스폰서와 일본 협력 회사들, 그리고 일본 정부 기관에서 전시회에 드는 비용 외에 NASM, 스미스소니언협회, NASA, 미 해군에서 드는 비용 모두를 지불할 것임. 이번 전시회는 전적으로 비영리적인 사업으로, 모든 수입은 NASM과 스미스소니언에 기부될 것임. NTV는 다음과 같은 재정 계획을 세웠음.

	(단위 : 달러)
전시회 입장 최소 순수익	2,000,000
엔터프라이즈 호 수리 비용	750,000
NASM의 가버식 복원 시설 확장	700,000
스미스소니언 프로그램의 방송	5,000,000
우주선 운송 예상 비용	9,000,000
미국의 전체 재정 이익	17,450,000

NTV는 또한, 비슷한 기술적 장점을 가진(예를 들면, 일본의 최신 MAGLEV 열차를 워싱턴 D. C.의 쇼핑몰에 전시할 수 있도록 스미스소니언에 제공함) 모델의 '교환 전시'를 추진하기로 했음.

현재 상태 : 우주선 엔터프라이즈 호는 현재 덜레스 공항 격납고에 보관되어 있음. NASA는 실험 도구로 더 이상의 필요성이 없어진 엔터프라이즈를 1984년 이후 방치했으며, 일반에게 공개할 계획도 없는 상태임. 1983년 파리 에어쇼, 1984년 뉴올리언스 세계박람회에서 전시되었던 것이 마지막임. 1991년 4월 5일자 NTV 기획서는 4월 11일, NASM의 마틴 하위트(Martin Harwitt) 소장에게 개인적으로 전달되었음. 시드 예이츠를 대표로 하는 미 의회 분과위원회에서 이 계획의 실현 가능성을 의심하는 의견이 있었음.

실행 : 대니얼 패트릭 모이니한 상원의원은 스미스소니언의 평의원으로서 그리고 의회의 지도적 인물로서 힘을 발휘하여 이 계획이 실행될 수 있도록 추천하기 바람.

코네티컷, 뉴프레스턴의 제재소

제재소의 복원과 거주지로의 전환

목표 : 뉴프레스턴의 제재소를 복원시켜 뛰어난 외관의 거주지로 전환시키기 위함.

1875년, 지역 건축가인 오스카 비먼(Oscar Beeman)은 워러머그 호수(Lake Waramaug)의 남쪽, 동애스페틱 강가에 제재소와 목공소를 지었다. 건물은 사우스켄트의 오어힐에서 캔 철광석으로 만든 용광로를 토대로 지어졌다. 제재소의 동력원은 분당 3,000갤런의 동애스페틱 강 물살이었다. 비먼은 축사 건축가였는데, 자신의 제재소에서 다듬어진 목재로 코네티컷 북서부의 축사들을 지었다. 그 중 몇 개는 아직까지 발견되는데, 둥근 지붕이 특징이다. 오스카 비먼은 제재소를 지을 때도 자신의 트레이드마크인 둥근 지붕을 사용했다. 1973년에 출간된 〈미국 초기 제재소(Early American Mills)〉에서 저자인 마사와 머레이 지마일스(Martha and Murray Zimiles) 부부는 '뉴프레스턴 마을의 제재소는 북서부에 남아 있는 가장 아름다운 제재소 중 하나' 라고 소개했다.

1941년, 제재소는 로버트 우드러프(Robert Woodruff)에게 팔렸다. 그는 1964년까지 그곳을 운영하며 그곳에서 1980년대까지 살았다. 1987년, 우드러프는 피터 멀렌(Peter Mullen)에게 5.09에이커의 땅과 함께 제재소를 팔았는데, 그는 그곳에 살지도 관리하지도 않았다.

1996년 12월 30일, 패트릭 라일리는 제재소와 5.09에이커의 땅을 구입했다. 켄터베리와 켄트에 다니는 두 자녀, 맥시밀리언(16세)과 조안나(14세)가 2000년 졸업할 때까지 가족 별장으로 쓰면서 개조하려는 계획을 가지고 있다. 라일리의 주 거주지는 캘리포니아의 샌프란시스코이고, 머린 카운티의 퍼시픽 오션 해변가에도 별장을 한 채 가지고 있다. 라일리 가족은 이 제재소를 '리버댄스 밀' 이라고 부른다.

라일리는 제재소를 '스파르타식 우아함' 이라고 불리는 간소한 디자인을 기본으로 주요 기능을 완벽하게 살리는 설계를 할 계획이다. 또한 주거 공간도 워싱턴 시의 규칙에 따라 제재소 건물 및 경관과 조화를 이루는 범위 내에서 개선할 것이다.

재정 : 라일리는 제재소 매입 대금으로 ＊＊＊달러를 지불했다. 소유에 대한 접근 방식은 투자이다. 개조에 대한 접근 방식은 투자액을 상회하는 시장 가치를 더하는 것이다.

여섯 명의 건축업자에게 수리 비용에 대한 견적서를 받아본 결과 ＊＊＊달러에서 ＊＊＊달러까지 다양했다. 물을 사용해 건물의 전력을 충당하는 로우헤드식 수력 발전 시설을 포함한 금액이다. 비용을 부문별로 살펴보면 건축물 구조 개선에 대략 72%, 기계 부문(우물, 부패 방지, 전기)에 15%, 로우헤드식 수력 발전 시설 부문에 13% 정도가 들어갈 것으로 추정된다.

라일리 부부는 샌프란시스코에서 웰스 파고 은행(Wells Fargo Bank), 퍼스트 리퍼블릭 은행(First Republic Bank)과 거래한다.

현재 상태 : 로버타 라일리가 코네티컷에 머물면서 3월 말부터 시작되는 제재소 보수공사를 지휘할 것이다. 1월 31일, 로버타 라일리는 그곳에서 여러 관계자들을 만났다. 뉴프레스턴 제재소의 새 전화번호는 860-868-8088이지만, 현재 '응답 서비스' 가 작동되고 있지는 않다. 라일리 부부는 대개 샌프란시스코 집이나 사무실로 연락해야 전화 통화를 할 수 있다. 라일리 부부가 공사중 코네티컷에 머물 때는 베들레헴의 친구 집에 있을 예정이며, 전화나 팩스로 연락할 수 있다. 브라이언 네프가 공사를 맡는다. 주택보험은 스펜서 하울딘(Spencer Houldin) 사무소를 통해 처브 그룹(Chubb Group)과 계약했으며, 홍수보험에도 가입했다. 법적 대리인은 워싱턴 본부의 링크 코넬이다. 라일리는 제재소의 개조 공사에 대한 은행의 평가서에 따라 국립철강대부사(National Iron Mortgage Company)에 융자를 신청하기로 했다.

실행 : 코네티컷에 머무는 동안 라일리 부인은 제재소 개조를 지원하는 건설 자금 융자(제1 근저당 융자)를 해줄 수 있는 은행 관계자들을 만나기 원함. 관심 있는 은행에서는 의견을 개진해 주기 바람.

듀크 솔라의 전략적 시장 개발 프로젝트

듀크 솔라의 핵심 사업을 세계 시장으로 확장해 최대 수익을 얻는 전략적 제안

목표 : 듀크 솔라의 장 · 단기적 소득과 수익을 극대화하기 위함.

- 듀크 솔라의 세계적 전략을 마련해 듀크 에너지사(그리고 미래의 전략적 파트너)에 제시함.
- 마루베니(Marubeni)사를 참여시키고, 마루베니와 연관된 것 중 듀크 솔라의 수익성에 영향을 미칠 수 있는 모든 것을 조사함.
- 기존의 제휴사(예컨대, 에네르지아 히드로엘렉트리카 드 나바라)와 현재 계류중인 제휴 관계의 득실을 조사함.
- 듀크 솔라에 막대한 이득이 예상되는 타사와 제휴 관계를 맺는 것에 대해 조사함.
- 전력 생산, 전달, 배포의 '세분화'를 막으려는 캘리포니아의 새로운 시장 조건에 대응함.
- 네바다와 애리조나의 긍정적인 혹은 부정적인 반응을 조사하고 그에 대응함.
- 부시 대통령의 에너지팀(에너지 정책 개발 그룹 등)에 영향을 줌.
- 에너지 관리국의 에너지 효율 및 재생 부서(Office of Energy Efficiency and Renewables)에 제출된 불필요한 기획서들을 탐색함.

믿을 만한 에너지는 전 세계적인 경제 발전과 진보를 위한 초석이 된다. 전기 에너지는 2,150억 달러 규모의 산업이다. 2001년 여름에 치러진 큰 행사들은 최근 세계무역센터와 국방부 테러 공격과 맞물려 미 서부에 큰 영향을 주었으며, 재생 에너지를 포함한 에너지 시장의 변화를 가속화했다. 앞으로는 계속, (1) 전력이 시장을 주도하는 산업이 될 것이다. (2) 규칙이 철폐된 환경에서 경쟁적 우위를 얻고 시장을 주도하기 위해 (생산과 서비스의) 혁신이 필요할 것이다. (3) 막대한 자본이 요구될 것이다. (4) 효과적 비용 절감이 주요 쟁점이 될 것이다. (5) 효과적인 경쟁을 위한 가격의 차별화가 필수 요소로 자리잡을 것이다. (6) 새로운 기술이 반드시 실용화될 것이다. (7) 최첨단 정보 기술이 요구될 것이다. (8) 기업 문화는 에너지 재생을 필요로 하게 될 것이다.

듀크사는 9 · 11 사태로 인한 시장 변화를 활용할 수 있는 유리한 위치에 있으며, 미국 전역에 소유하거나 운영하는 여러 에너지 시설을 통해 BTU를 제공하는 것에 이미 초점을 맞춰 왔다. 듀크 솔라 에너지 LLC 역시 유리한 위치에 있으며, 당초의 목표(주택용 · 산업용 · 기관용 · 상업용 온수 및 증기, 전력 등을 생산할 수 있는 전매 특허 태양열 시스템에 대한 고안 및 시장 구축, 제조, 설치, 보수 등)를 이미 설정치 이상으로 달성한 상태에서, 그들이 세계 전역에 걸쳐 소유하거나 운영하는 (혹은 다른 회사에 건설해 준) 공장에서 나오는 재생 에너지 자원을 이용해 BTU를 제공한다는 새로운 목표를 세웠다. 듀크 솔라는 재생 에너지 업계의 리더가 되기 위해 경주하고 있으며, 자사의 태양열 기술을 발판으로 타회사와 제휴해 재생 에너지에서 BTU를 생산해 낼 계획이다. 듀크 솔라의 전진적 전략의 열쇠는 재생 에너지 BTU의 생산과 마케팅, 그리고 유력한 세계 시장으로의 성공적인 진입이다.

1997년, DE & S와 합작으로 국외 에너지 프로젝트를 수행할 때부터 듀크사와 인연을 맺은 패트릭 G. 라일리*는 듀크 솔라의 전략적 시장 개발 프로젝트의 첨병을 맡아 회사를 확장하겠다는 목표를 이루려고 한다.

재정 : 라일리는 듀크 솔라의 예산 범위 내에서 업무를 수행하기로 동의했음.

현재 상태 : 라일리는 즉시 일에 착수할 준비가 되어 있음. 그는 2001년, 듀크 솔라의 직원들과 만나 건설적 관계를 형성했음. 존 마일스(John Myles)는 라일리로부터 결과물이 도출될 첫 데드라인을 시행 후 60일 이내로 정했음. 라일리는 그 기간 내에 만족할 만한 결과를 도출하기로 약속함. 라일리는 마일스에게 일의 조건과 관련해 세부 조항을 담은 견본 계약서를 제출했음.

실행 : 존 마일스는 위 사업의 범위와 라일리에 대한 신뢰도를 검토한 뒤, 라일리와 계약을 맺을 것인지 결정하기 바람.

*패트릭 G. 라일리의 이력서를 첨부함.
퍼시픽 아메리칸사(Pacific American Corporation)
2001 P. G. Riley 415-489-2370 riley@pacam.com

HDTV 피처 필름(TV용 극장 영화)

미국 소비자를 소니의 신기술인 HDTV(고화질 TV) 팬으로 만들기 위한 피처 필름 제작

목표 : 수익성 높은 미국산 고화질 피처 필름을 제작함으로써 미국 내에 일제 고화질 상품 시장을 구축하기 위함.

- 일본의 최신 HD 기술을 이용해 미국 소비자를 위한 피처 필름 패키지를 제작함.
- HD 기술에 적합한 영상과 음향 요소로 필름을 창조함.
- 제작과 디스플레이에 HD 기술을 다양하게 사용하고, 전시장을 겸한 전용 필름 스튜디오 설립.
- HD 기술을 사용한 영화 제작자의 훈련과 개발.
- 샌프란시스코 베이 에어리어의 뛰어난 하이테크 비디오 기술 인력 활용(영화 기술 인력으로 유명한 로스앤젤레스와 대비).
- HD로 제작할 수 있는 범위를 극장식 레이저 프로젝션 시스템으로 확대시킴.

일본은 고화질 비디오 시스템(HDVS)의 주도적인 개발국이다. 일본의 HDVS 생산자는 미국 시장에서 소비자들에게 기존 TV를 HDVS로 바꾸도록 설득하고 있다. 또한 영화 및 TV 제작자들이 HDVS 카메라와 편집 시스템, 디스플레이 기술을 사용해 영화 촬영을 하도록 설득중이다. 특히 소니는 일본 최대 방송국인 NHK와 합작으로 미국 시장 개발을 위한 HDVS의 세 영역을 구축했다. (1) 제작 (2) 송신 (3) 디스플레이.

샌프란시스코 스튜디오의 퍼시픽 아메리칸사는 그라피티 시리즈(Graffiti Series)라는 여섯 개의 피처 필름 군을 개발해 제작하려 한다. 그라피티 시리즈는 촬영 및 편집, 송신, 디스플레이 등에 HD 기술을 사용해 음악의 질을 한층 높이고 특수 효과를 강조할 것이며, 그에 따라 개성 강한 오락물이 될 것이다. 퍼시픽 아메리칸사의 제작자들은 그라피티 시리즈의 개성 강한 성격 때문에 이 시리즈가 미국에서 HDVS 방식으로 출시되면 소니의 HD 기술을 널리 알리는 동시에 높은 시장 점유율을 이룰 수 있으리라 믿고 있다. 퍼시픽 아메리칸사에서 제안하는 바는 기술 주도가 아닌 소비자 주도의 HD 시장이다.

재정 : 그라피티 시리즈 개발에 소요되는 경비는 전체 700만 달러이고, 그 외에 HD 카메라, 편집 하드웨어, 관련 기술 지원 등이 필요하다. 제작 예산 명세와 출시 예정일은 다음과 같다.

(단위 : 달러)

검은 분노(Black Fury)	850,000	1988
레이디 데이(Lady Day)	1,700,000	1988
침대와 소파(Bed and Sofa)	900,000	1989
천 마리 학(1000 Cranes)	1,700,000	1989
키메라(Chimera)	900,000	1989
더 미스틱(The Mystic)	950,000	1990

퍼시픽 아메리칸사는 제작비와 하드웨어를 제공받는 대신 그라피티 시리즈의 일본 내 모든 미디어(극장, 일반 비디오, TV 방송, 음악, 여타의 머천다이징 등) 배급뿐 아니라 HD로 제작되는 그라피티 시리즈의 전 세계 판권을 소니에 독점으로 배당할 것임.

현재 상태 : 그라피티 시리즈는 제작 준비가 완료되었음. 각본, 예산 편성, 배우 및 인력 확보, 물품 공급 등 모든 사항과 관련해 샌프란시스코 스튜디오와 합의한 상태임. 퍼시픽 아메리칸사는 소니와 협의를 하기 위한 적절한 방법을 모색중임.

실행 : 샌프란시스코의 일본 총영사 오치 씨는 퍼시픽 아메리칸사와 소니가 직접 대면할 수 있도록 주선해 주기 바람.

유혹의 밤(ARE YOU LONESOME TONIGHT)

제작 : PROD 111

목표 : 관객에게 강하게 어필하는 서스펜스 스릴러 장르의 피처 필름을 제작하고, 투자 수익을 극대화하기 위함.

- 시나리오 작가들의 파업으로 인한 제작의 공백을 활용함.
- 매우 민감하면서도 상업적인 주제인 폰섹스에 초점을 맞춤.

〈유혹의 밤〉은 〈위험한 정사〉, 〈피고인〉, 〈클루트〉, 〈어둠 속에 벨이 울릴 때〉와 같은 맥락의 심리 스릴러이다. 무대는 샌프란시스코 시내이고, 그곳에서 벌어지는 폰섹스 현상을 그린다. 비포르노 영화이며 'R' 등급을 받을 것으로 예상한다. 제작자는 로버타 스미스 라일리(〈샌프란시스코 거리〉의 제작에 참여한 바 있고 현재 샌프란시스코 스튜디오의 대표임)와 폴 폼피언(다섯 편의 히트 영화를 제작한 제작자)이다. 각본은 웨슬리 무어(〈텔레그래프 힐〉의 작가)가 맡으며, 제작자들은 감독으로 해리 포크(〈센테니얼〉, 〈악령의 소리〉 등 서스펜스 스릴러 전문 감독)를 고려하고 접촉중이다.

본 영화 제작의 매력 포인트는 모든 요소가 제작자의 통제하에 놓이기 때문에 적은 비용으로 높은 수준의 영화를 제작할 수 있다는 점이다. 샌프란시스코 스튜디오에서 제작 설비 및 추가 제작 설비는 물론이고 세트 촬영과 야외 촬영 모두를 통제한다. 샌프란시스코 스튜디오의 베테랑팀은 피처 필름을 함께 촬영한 많은 경험이 있다.

재정 : 제작 비용은 2,800,000달러이고, 7년 동안 5,929,000달러의 수입이 발생할 것으로 예상됨. 이에 따른 예상 수익은 3,341,000달러이다. 항목별로 보면 다음과 같다.

(단위 : 달러)

예상 제작 비용 : 직접비 999,000 간접비 1,496,000 기타 306,000

예상 배급 수입 :

국내 극장	4,928,000
국외 극장	1,228,000
비디오	1,620,000
TV	1,120,000
네트워크 및 국외 TV	373,000
기타 비용	(3,341,000)
총계	5,929,000

퍼시픽 아메리칸사와 반다이사의 합작 투자로 설립된 반다이 엔터테인먼트 그룹이 지정 제작사이다. 이들은 필름 제작의 두 가지 방법을 놓고 고려중이다. (1) 제작비를 직접 조달하고 콜럼비아를 통해 배급하는 방법. 이렇게 하면 기준 이상의 배급 수입은 콜럼비아 쪽에 들어간다. (2) 콜럼비아 수준의 배급사와 '네거티브 픽업'을 계약해 네거티브 코스트의 약 175%를 일시불로 받는 방법.(〈유혹의 밤〉의 경우 4,900,000달러)

현재 상태 : 각본은 완성된 상태임. 제작사에 최선의 배당과 옵션이 돌아가게 하기 위해 콜럼비아 픽처스와 의논중. 사전 작업이 진행중임. 1989년 봄에 주요 사진 촬영 작업이 시작되며, 본 영화 촬영은 30주가 소요될 것으로 예상. 제작과 배급 사항이 매듭되기 전까지는 감독이나 배우와 계약하지 않을 것임. 반다이 엔터테인먼트 그룹의 대표인 패트릭 라일리는 반다이사의 마코토 야마시나 회장에게 최종 원고와 제작 예산 및 〈유혹의 밤〉 제작 추천서를 제출해 놓았음. 50대 50의 합작 투자로 양사가 합의를 이루어 낸 뒤 영화 제작이 결정될 것임.

실행 : 마코토 야마시나 씨는 〈유혹의 밤〉의 제작 여부에 관한 결정을 내리기 바람.

1 Page Proposal에 관한 책

세상을 바꿀 1 Page Proposal을 쓰는 기술에 관한 체계적 설명

목표 : 성공을 보장하는 1 Page Proposal의 활용 비결을 담은 '막강' 베스트셀러의 출판.

- 동종 서적 중 단연 최고의 책이 되기 위함.
- 명확한 내용과 뛰어난 시장성으로 높은 투자 가치를 개발함.
- 여러 산업 분야, 라이프 스타일, 문화 분야를 망라한 독자층 겨냥.
- 외국 시장에서의 번역과 유통 확대.
- 혁신적 파생물을 위한 플랫폼 제공(예를 들면 CD-ROM 버전).
- 역사적으로 유명한 한 쪽짜리 서류를 의회 도서관에서 3년 동안 전시하는 방법 활용.

1983년, 패트릭 라일리는 세계 최고의 갑부 중 한 명으로부터 성공적인 국제적 사업을 이끌어 내는 패러다임이 1 Page Proposal을 쓰는 능력이라는 사실을 배웠다. 라일리 부부는 그 사실을 이용해 샌프란시스코에서 퍼시픽 아메리칸사를 설립하고 전 세계 고객들을 상대로 사업을 하며 폭넓은 지지와 눈부신 성공을 이루었다. 이 책의 내용은 1 Page Proposal을 이용한 자신들의 성공뿐만 아니라, 역사적으로 위대한 1 Page Proposal에 대한 체계적 연구에서 기인한다. 「독립선언서」, 「마그나 카르타」, 「게티스버그 연설문」, 「권리장전」, 「메이플라워 협약」, 「아레시보 성간 메시지」 등이 그것이다.

이 책은 다음과 같은 사항이 들어 있는 매뉴얼이다.

- 가상의 사업 시나리오를 사용해 1 Page Proposal을 만들어 가는 단계별 과정.
- 기술적 지원 사항.
- 사업, 과학, 예술 분야 등에서 쌓은 라일리의 경험을 토대로 만든 실제 견본.

다음과 같은 내용을 담아, 오늘날 산업 환경에서 속도와 효율성이 주는 역할을 강조한다. (1) 복잡한 편집 삭제 (2) 외국 투자자를 위한 친근한 포맷 창출 (3) 과도한 정보 생략 (4) 결정 시간 단축

재정 : 모든 대중매체를 통한 시장 형성을 통해 수익을 확대한다. 이 책이 갖는 '포지션'은 〈1분 경영(The One Minute Manager)〉과 〈성공한 사람들의 일곱 가지 습관〉 사이이다. 가격은 12달러에서 20달러선. 대학 노트를 연상시키는 크기와 부피.

현재 상태 : 1 Page Proposal의 초고는 1997년 2월에 완성되었고, 1998년에 수정되었음. 뛰어난 북 디자이너 데이비드 불렌(David Bullen)이 1999년 2월에 초안의 교정쇄 완성했음. 표지는 데이비드 호크니의 그림을 바탕으로 제작할 예정. 자기 발전, 리더십, 금융 등에 대한 여러 도서의 시장 분석을 마친 라일리는 훌륭한 편집자(신예 작가의 책을 매우 경쟁력 있는 경영서의 반열에 진출시킬 수 있는 노련함을 가진)를 찾는 것이 성공에 매우 결정적 요소라는 결론을 내렸음. 6월 3일, 라일리는 리건북스의 주디스 리건과 접촉함. 라일리는 주디스 리건이 앞서 말한 힘과 경험을 지녔으며, 반드시 책을 성공시킬 것이라 믿고 있음.

실행 : 주디스 리건은 1 Page Proposal의 원고를 검토하고 관심의 정도를 밝혀 주기 바람.